Berlin 1945
Leben nach dem Zweiten Weltkrieg
Michael Brettin / Peter Kroh

Berlin 1945. Leben nach dem Zweiten Weltkrieg
Fotos vom Berliner Verlag und aus Sowjetischen Armeearchiven
Text: Dr. Michael Brettin
Fotoauswahl: Peter Kroh
Vorwort: Stephen Kinzer
Herausgeber: Eva C. Schweitzer

Covergestaltung: Jennifer Durrant

© 2015 Berlinica Publishing UG
Gaudystraße 7
10437 Berlin
Germany

Gedruckt in der EU und den USA

ISBN:
978-3-96026-001-1
978-3-96026-000-4

https://berlinica.com

Auch auf Englisch erhältlich, unter dem Titel:
Berlin 1945. World War II: Photos of the Aftermath
Englische Fassung auch als E-Book.

Berlin 1945

Leben nach dem Zweiter Weltkrieg

Michael Brettin
Peter Kroh

Fotos vom Berliner Verlag und aus Sowjetischen Armeearchiven

Berlin und New York, 2015

Über diese Fotos

DIESES BUCH zeigt herzzerreißende Fotografien, viele unbekannt, von Berlin kurz nach dem Zweiten Weltkrieg. Sie zeigen eine Stadt in Schutt und Asche, die Hälfte der fast fünf Millionen Bewohner geflohen oder tot, wo hunderttausende von Flüchtlingen in ausgebombten Ruinen hausten. Als Berlin in den ersten Tagen des Mai 1945 erobert wurde, brachte die sowjetische Armee auch Fotografen mit, um Zeugnis zu leisten. Deren bekannteste waren Mark Redkin und Jewgenij Chaldej.

Chaldej nahm das berühmte Bild der Roten Fahne über dem Reichstag und dem Brandenburger Tor auf. Aber die Fotografen machten auch Bilder von zerschossenen Mauern, verrottenden Leichen und verlorenen Kindern. Die Sowjets regierten Berlin zwei Monate lang, bevor im Juli die Amerikaner und die Briten kamen, gefolgt von französischen Truppen. Da waren die meisten Leichen beerdigt, die Feuer gelöscht, und das Rote Kreuz hatte Suppenküchen eingerichtet.

Die erste Zeitung, welche die Sowjetische Militäradministration SMAD lizenzierte, war die *Berliner Zeitung,* nur zwei Wochen nach der Kapitulation, gefolgt von dem Boulevardblatt *BZ am Abend* am 15. Juli 1945. Die SMAD hatte auch ihre eigene Armeezeitung, die *Tägliche Rundschau.* Alle drei Blätter druckten die Fotos, die von sowjetischen Soldaten aufgenommen wurden, aber auch von Deutschen. Darunter war Otto Donath, 1898 in Berlin geboren, wo er 1971 starb, nach einer langen Karriere. Donath hatte während des Krieges Bilder für die Wehrmacht aufgenommen, danach kümmerte er sich um das tägliche Leben der Berliner und Berlinerinnen.

Die *Berliner Zeitung* und die *BZ am Abend* gehörten zum Berliner Verlag, der größte Verlag in Ost-Berlin, der wiederum der von Kommunisten geführten DDR-Regierung gehörte. 1973 zog der Berliner Verlag in ein neues Gebäude an der Karl-Liebknecht-Straße. Die Fotos aus 1945 und darauf —schwarz-weiß, mit handgeschriebenen Notizen auf der Rückseite, die manchmal, aber nicht immer den Namen des Fotografen enthielten — wurden mitgenommen. Auch das Archiv der *Täglichen Rundschau* landete dort, warum auch immer. Vermutlich übergaben es die Sowjets dem Berliner Verlag, als das Militärblatt 1955 eingestellt wurde.

Das Fotoarchiv befand sich im ersten Stock, wo die Fotos, auf billigen Papier gedruckt, viele inzwischen zerknittert, zerkratzt, zerknickt — in metallenen Kästen gelagert wurden. Irgendwann wurden sie vergessen.

Dann fiel die Berliner Mauer. Der Berliner Verlag wurde mehrmals verkauft, erst an Gruner & Jahr aus Hamburg, und zuletzt an M. DuMont Schauberg, ein Medienunternehmen aus Köln, das auch den *Kölner Stadtanzeiger* und die *Frankfurter Rundschau* herausgibt.

Eines Tages gegen Ende der neunziger Jahre wurde Peter Kroh neugierig. Kroh war Fotoredakteur der vormaligen *BZ am Abend* — die inzwischen *Berliner Kurier* hieß. Er stieg in den Aufzug, fuhr in den ersten Stock, und warf einen Blick in die Metallkästen. Er sichtete tausende von Fotos; bei vielen stand weder dabei, wer sie aufgenommen hatte, noch, wo sie aufgenommen wurden. Er hatte auch Zweifel, ob alle authentisch waren — insbesondere ein Foto von Hitlers Leiche. Aber eines wusste er: Er hatte einen Schatz gefunden. Er beschloss, daraus ein Buch zu machen, das unter dem Titel *Berlin nach dem Krieg* veröffentlicht wurde. *Berlin 1945* ist die amerikanische Version. Nachdem *Berlin nach dem Krieg* nicht mehr im Druck ist, erscheint nun dieses deutsche Buch. Es enthält viele, aber nicht alle Fotos aus *Berlin nach dem Krieg,* einige neue Bilder kamen hinzu, auch ein Text von Michael Brettin, Redakteur der Sonntagsbeilage des *Berliner Kurier.*

Berlinica Publishing bedankt sich bei Dr. Brettin, Peter Kroh, und dem Berliner Verlag, insbesondere bei Fotoarchivchef Michael Weniger, und bei M. DuMont Schauberg, ohne die dieses wichtige Buch über das Nachkriegs-Berlin nicht existieren würde.

Inhalt

Die ersten sowjetischen Soldaten kommen im April 1945 in Berlin an. Sie erobern und besetzen die Stadt, und sie sind gekommen um zu bleiben. Ihre westlichen Verbündeten kommen drei Monate später an.

Vorwort

IN MANCHEN Zeiten werden Menschen, ganze Generationen gar, außergewöhnlichen Umständen ausgesetzt. Die Frage nach der Verantwortung wird unwichtig, auch die Erinnerung verblasst. Alles, was bleibt, ist die Herausforderung, den Tag zu überleben. Dieses Buch zeigt Menschen, die gewöhnliche Leben führten — gute Leben wahrscheinlich — bis sie im Kriegsstrudel mitgerissen wurden. Wir sehen, wie sie versuchen, sich von unvorstellbaren Traumata zu erholen, zu begreifen, dass sie überlebt haben und nachdenken, was als nächstes kommt.

Die Bilder von Berlin 1945 zählen zu den eindrucksvollsten der Fotografie. Das liegt nicht nur daran, was man sieht. Wenn es nur um die Verwüstungen des Zweiten Weltkriegs ginge, das sieht man auch anderswo. Die Bilder haben eine ikonographische Kraft, weil sie nicht irgendeine zerstörte Stadt zeigen, irgendeine zerstörte deutsche Stadt, sondern die Hauptstadt, Berlin.

Bilder von Berlin in Ruinen haben eine besondere Macht, weil sie an den zentralen Konflikt gemahnen: Eine Nation, die den Höhepunkt von Bildung und Kultur repräsentierte, stürzt in die Tiefen des Barbarentums ab. Diese Fotos wären nicht so plastisch, wenn wir nicht Cabarets und Bierhallen stehen für eine Kultur, die in schockierender Art und Weise zusammengebrochen ist.

Diese Fotos erinnern an Troja. Die Ruinen sind gar nicht einmal so eindrucksvoll, aber zu wissen, was Troja für die westliche Kultur bedeutet hat, gibt ihnen eine spezielle Aura. Das gilt auch für die Berlin 1945. In einer anderen Stadt würden sie das Herz nicht so sehr zerreißen. Ihre Macht kommt von der Bedeutung Berlins.

Es geht nicht nur darum, dass wir in diesen Bildern den vergangenen Ruhm von Berlin spüren und uns beklagen, dass er zerstört wurde. Wir wissen auch, was passiert ist, nachdem diese Bilder gemacht wurden. Es ist unmöglich, nicht einen Sprung in die Zukunft zu machen und zu bewundern, wie rundum Berlin seinen Platz als eine kosmopolitische Weltstadt und Hauptstadt einer pulsierenden Nation eingenommen hat.

Diese Widerstandskraft spürt man auf vielen Gesichtern auf den nächsten Seiten. Sie lassen Optimismus erkennen, oder wenigstens Entschlossenheit, wenngleich dies schwer vorstellbar ist. Die Beziehungen zwischen Deutschen und Russen wirken freundlich. Ist das wirklich so? Das ist eine Frage für Historiker und Großeltern.

Viele Menschen, deren Gesichter hier abgebildet werden, wurden fotografiert, nachdem sie Jahre des Leidens hinter sich hatten. Ihr Moment — Berlin 1945 — scheint uns bereits weit entfernt. Man ist versucht, eine tröstende Botschaft zu hören. Wir möchten glauben, dass auch schreckliche Tragödien wie Krieg den menschlichen Geist nicht brechen. Immerhin wurde Berlin zu unseren Lebzeiten zerstört und nun blüht es wieder auf.

Aber das zu glauben, würde den Männern, Frauen und Kindern, die auf diesen Seiten porträtiert werden, großes Unrecht tun. Jedes Lächeln auf den Lippen eines Kriegsüberlebenden maskiert eine Welt von tiefen Schmerz. Jahre des Krieges produzieren vieles, aber kein Glück. Die wirkliche Lektion, die wir von diesen ernüchternden Fotos mitnehmen können ist: Krieg ist ein von Menschen gemachten Phänomen, keine Naturkatastrophe. Die Leiden, die wir hier sehen, hätten nicht geschehen müssen. Sie waren die Folge von Entscheidungen von Individuen, und Nationen. Vor allen Dingen sind diese Fotos ein Schrei, nicht zu zerstören, was die Menschheit in so langer Arbeit geplant und gebaut hat.

— Stephen Kinzer, Bürochef der *New York Times* in Berlin von 1990 bis 1995

„Siegen oder Sibirien". Diese Parole warnt die Deutschen, im Kampf gegen die Sowjets nachzulassen. Sie stammt von Joseph Goebbels, dem Reichspropagandaminister der Nazis, der sich und seine Familie im Mai 1945 umbrachte.

Das Ende von Berlin

ES IST als sei der „Führer" geschrumpft. Diesen Eindruck hat Armin Dieter Lehmann, als Hitler ihm im Garten der Reichskanzlei gegenübersteht. Der Kopf sitzt tief, das Gesicht ist aschfahl, die Augen sind glasig, die linke Hand zittert. Er sieht älter aus als seine Großväter, die beide über siebzig sind, denkt der Sechzehnjährige, der mit anderen Angehörigen der „Hitlerjugend" ausgezeichnet werden soll, weil er sich im Kampf verdient gemacht hat.

Es ist der 20. April 1945, es ist Hitlers 56. und letzter Geburtstag. Führerdämmerung in der Reichshauptstadt. Der Zweite Weltkrieg liegt in seinen letzten Zukkungen. Und mit ihm das Deutsche Reich, 74 Jahre nach seiner Gründung. Amerikanische und britische Bomber fliegen ihre letzten Angriffe auf Berlin, sowjetische Artillerie beschießt erstmals das Stadtzentrum.

Hitler geht wieder unter die Erde. Fünf Meter unter der Reichskanzlei liegt sein Bunker, vier Meter dicker Stahlbeton umgibt ihn. Er verkündet seinen Geburtstagsgästen, Berlin ab sofort selbst zu verteidigen. Am Abend verlassen die meisten Nazi-Größen den Bunker, bis auf Joseph Goebbels und Martin Bormann. Und Armin Dieter Lehmann wird Kurier im „Führerbunker".

Die Rote Armee ist seit dem 16. April in der Großoffensive gegen Berlin, seit ihrem Angriff auf die sechzig Kilometer entfernten Seelower Höhen an der Oder: zweieinhalb Millionen Soldaten, darunter 200.000 polnische Männer in Uniform, 7500 Flugzeuge und 6250 Panzer. Ihnen gegenüber stehen 800.000 Verteidiger Berlins: Armeereste der Wehrmacht, Einheiten der Waffen-SS, der Polizei und vom „Volkssturm" (das waren 16- bis 60-jährige „waffenfähige Männer", einschließlich Hitlerjugend), nicht mehr als hundert Flugzeuge und achthundert Panzer.

Das letzte Aufgebot in Berlin besteht aus 45.000 Soldaten, 40.000 Angehörigen des Volkssturms und vier tausend „Hitlerjungen".

Sowjetführer Josef Stalin will Berlin um jeden Preis erobern, weil die Stadt das Herz von Hitler-Deutschland ist, weil er dort Material des deutschen Atombombenprogramms vermutet, weil die Stadt ein Faustpfand für Nachkriegsverhandlungen mit den Westalliierten sein kann und weil er befürchtet, die Deutschen könnten mit ihnen einen Separatfrieden schließen.

Berlin ist lange auch Ziel der alliierten Streitkräfte unter Oberbefehl von Dwight D. Eisenhower. Doch der konzentriert den Vormarsch seit Ende März auf Mittel- und Süddeutschland, zum Entsetzen der Briten. Er will die deutschen Armeen an ihrer Westfront spalten und zerschlagen, die Industrie- und Rüstungszentren einnehmen. Und er wollte eine „Alpenfestung" erobern, von der wir heute wissen, dass es sie gar nicht gab.

Die Stimmung im Führerbunker ist zwanghaft optimistisch: Man faselt von Kriegswende durch den Tod von US-Präsident Franklin D. Roosevelt am 12. April, durch die „Wunderwaffen", durch die neue 12. Armee (die so genannte „Armee Wenck", unter General Walther Wenck, der letztlich doch gegenüber den Amerikanern kapitulierte.). „Härtester und fanatischster Widerstand" müsse geboten, fordert Goebbels, Berlin müsse „bis zum Letzten" verteidigt werden.

Das NS-Regime inszeniert den Untergang.

Die Berliner hoffen nur noch, dass der Krieg schnell endet und sie den Frieden noch erleben.

„Es ist so um den 20. herum, die Gesichter aller Leute sind todernst, auf der Straße beachtet keiner den anderen, jeder hat mit sich tun", schreibt eine Berlinerin in ihr Tagebuch. „Tag u. Nacht hat der Engländer und

Amerikaner schwere Angriffe geflogen. Doch sollte es noch weit schlimmer kommen."

Der Tod droht nicht nur durch Bomben und Granaten. Standgerichte exekutieren jeden, der in Verdacht gerät, die Widerstandskraft zu schwächen. Angehörige der SS schießen auf Fenster, aus denen weiße Laken hängen, auch auf Berliner, die eine weiße Binde um den Arm tragen.

Knapp drei Millionen Menschen leben im April 1945 noch in Berlin; 4,3 Millionen waren es Ende 1944. Viele der früheren Einwohner sind an der Front, in Gefangenschaft, auf der Flucht. Tausende Jungen und Mädchen zwischen zehn und vierzehn Jahren wurden in den Kriegsjahren aus der Stadt aufs Land gebracht, die so genannte „Kinderlandverschickung". Zwei Drittel der Bevölkerung in Berlin sind Frauen und Mädchen jeden Alters; das Drittel der männlichen Zivilisten besteht aus Kindern, Jugendlichen und Greisen.

„Wir hausen nur noch im Keller, schlafen in Liegestühlen und auf der Erde, wenn überhaupt", schreibt Elsa Chotzen in ihr Tagebuch. Chotzen ist eine zum Judentum konvertierte Katholikin, die seit Jahren verzweifelt versucht hat, Familienangehörige zu retten, die deportiert worden sind. „Wir wissen nicht, ob wir den Keller jemals lebend verlassen werden. Berlin ist zur Front geworden."

Der Tag nach Hitlers Geburtstag beginnt mit einem mehrstündigen Artillerie-Trommelfeuer der Roten Armee. Jagdbomber fliegen Angriffe. Sowjetische Soldaten überschreiten die Stadtgrenze, erobern Haus für Haus, Straße für Straße.

Hitlerjunge Armin Dieter Lehmann wird in Kämpfe verwickelt. In der Nacht vom 24. auf den 25. April zerstört er mit einer Panzerfaust einen T-34. Er bekommt dafür das Eiserne Kreuz Erster Klasse.

Andere bekommen den Tod.

Der zehnjährige Arno Kiehl schleicht sich aus einem Bunker; er will wissen, was auf den Straßen passiert. Plötzlich Schüsse. Ein paar Hitlerjungen schießen auf alles, was sich bewegt. Über Lautsprecher versuchen Rotarmisten, die Jungs zum Aufgeben zu bewegen: „Krieg ist aus. Hitler kaputt."

Doch die Hitlerjungen schossen „wie verrückt" weiter, erzählt Arno Kiehl viele Jahre später. „Die Sowjets stellten ein Maschinengewehr auf und schossen diese Jungen vom Dach "

Der Wahnsinn will nicht enden.

Hitler trifft im Bunker letzte Entscheidungen. Er heiratet seine Geliebte Eva Braun, diktiert sein Testament, und nimmt sich mit seiner Frau am Nachmittag des 30. April das Leben. Sein Adjutant verbrennt und verscharrt die Leichen im Garten der Reichskanzlei.

Goebbels, von Hitler im Testament zum Reichskanzler ernannt, ersucht tags darauf Stalin um Waffenstillstand. Vergebens. Er und seine Frau töten erst ihre sechs Kinder, dann sich selbst.

Das „Führerhauptquartier" meldet erst am Abend des 1. Mai den Tod Hitlers: Der „Führer" sei „bis zum letzten Atemzug gegen den Bolschewismus kämpfend für Deutschland gefallen".

Eine letzte Lüge.

Die Berliner Garnison kapituliert am Morgen des 2. Mai. Die bedingungslose Kapitulation des Deutschen Reichs erfolgt am 7. Mai im Alliierten Hauptquartier in Reims. Um die Leistung der Roten Armee an der Befreiung Europas vom Nationalsozialismus zu würdigen, wird die Urkunde im Sowjetischen Hauptquartier in Berlin-Karlshorst nochmals unterzeichnet, kurz nach 0 Uhr des 9. Mai. Sie ist datiert auf den 8. Mai.

Keine Zahl kann die Opfer des Zweiten Weltkrieges zweifelsfrei beziffern. Zu unvollständig sind die Akten, zu uneinheitlich ist die Methodik der Materialauswertung, zu unbegreiflich sind Hochrechnungen, nicht selten von nationalen Interessen oder auch persönlichen Ansichten geleitet. Und: Keine Zahl kann das Leid auch nur annähernd ermessen.

Einige, allgemein anerkannte Zahlen seien dennoch genannt, um zumindest eine vage Vorstellung über das Ausmaß des Wahns zu bekommen.

Der Zweite Weltkrieg verschlang um die 60 Millionen Menschen.

Alleine die NS-Verbrechen forderten dreizehn Millionen zivile Opfer in ganz Europa. Darunter waren um die 3,3 Millionen Zivilisten in besetzten Ländern, die meisten davon Polen, Zwangsarbeiter aus Osteuropa, sowie Deportierte aus anderen europäischen Ländern, aber auch mindestens 160.000 Sinti und Roma, und sechs Millionen Juden, darunter rund 150.000 bis 160.000 deutsche und österreichische Juden.

Die Nazis brachten aber auch 130.000 deutsche Oppositionelle, Regimegegner und Widerstandskämpfer um; zwischen 100.000 und 300.000 Behinderte, Psychiatrie-Patienten und Geisteskranke; 22.000 Deserteure und 5000 bis 15.000 Homosexuelle. Die Tötungsmaschinerie in den Konzentrationslagern lief bis zuletzt. Tausende Häftlinge wurden vor der Befreiung der KZs ermordet oder bei ihrer Evakuierung auf Todesmärsche geschickt.

Insgesamt starben zwischen acht und elf Millionen deutsche Soldaten und Zivilisten im oder nach dem

Krieg. Durch Luftangriffe kamen 500.000 bis 600.000 Zivilisten ums Leben. Hunderttausende kamen bei Kriegsende um, als sie vor der anrückenden Roten Armee flohen. So ertranken fast 9,500 Flüchtlinge in der Ostsee, als das Schiff *Wilhelm Gustloff* bombardiert wurde, und 3500 starben auf der *SS General von Steuben*. 240.000 Frauen und Mädchen starben durch Massenvergewaltigung, zumeist durch Rotarmisten. Und mindestens anderthalb Millionen Deutsche verhungerten oder erfroren im Hungerwinter von 1945/46, vor allem Babys und kleine Kinder. Weitere 50.000 starben in Lagern, welche die Sowjets in der DDR errichtet hatten.

5,5 Millionen deutsche Soldaten waren gefallen oder in Kriegsgefangenschaft umgekommen. Elf Millionen deutsche Soldaten befanden sich bei Kriegsende in Gefangenschaft, davon 3,8 Millionen bei den Amerikanern; 3,7 bei den Briten; 3,2 bei den Sowjets; 245.000 in französischer und 194.000 in jugoslawischer Kriegsgefangenschaft. Allein in sowjetischen Lagern kamen 1,1 Millionen Soldaten um. Auch Frauen wurden nach Sibirien verschleppt, auch Frauen und Mädchen aus dem Baltikum, Rumänien, Ungarn und Bulgarien. Die letzten Überlebenden kamen im Januar 1956 frei.

1948 beschlossen die Alliierten die Vertreibung von vierzehn Millionen Deutschen aus Ostpreußen, Westpreußen, Danzig, Schlesien und dem Sudetenland. Wieviele dabei starben, ist nicht vollständig erforscht und auch politisch umstritten. Man geht von mindestens 600.000 Toten aus, möglicherweise auch bis zu zwei Millionen, wie es der *Bund der Vertriebenen* nennt..

Auf amerikanischer Seite fielen 416.000 Soldaten, allein auf dem Kriegsschauplatz Europa 235.000.

Die größten Verluste beklagte die Sowjetunion mit — sowjetischen Zahlen zufolge — zwanzig bis dreißig Millionen toten Soldaten und Zivilisten, darunter viele Ukrainer und Weißrussen. Alleine 3,3 von 5,7 Millionen Rotarmisten starben in deutscher Gefangenschaft. Nach dem Krieg nahm Stalin blutig Rache an den Tschetschenen, Kasachen und Usbeken. Alleine in diesen beiden Ländern starben mehr als eine Million Menschen durch Hunger, Kälte, oder in den Gulags, aber auch viele im Baltikum und anderen Staaten, die nach 1945 von den Sowjets besetzt wurden. Stalin ließ auch deutsche Kommunisten umbringen, die vor den Nazis geflohen waren.

Wir haben von nichts gewusst! Das sagen fast alle Deutschen im Frühjahr 1945. „Niemand ist Nazi", notiert die US-Journalistin Martha Gellhorn, die Freundin von Ernest Hemingway, bekannt durch ihre Kriegsreportagen, nach der Befreiung des KZ Dachau durch amerikanische Soldaten Ende April 1945. „Niemand ist je einer gewesen." Nur wenige zeigen Scham oder Reue, noch weniger bekennen eine Mitschuld.

Armin Dieter Lehmann, der Hitlerjunge, emigriert in die USA.

Und Elsa Chotzen? Ihr Mann, drei ihrer vier Söhne, zwei ihrer drei Schwiegertöchter sind tot, ermordet mit Zwangsarbeit, im Ghetto, in Konzentrationslagern. Sie bleibt in Berlin.

Die Sieger teilen Deutschland in Zonen auf, und Berlin in Sektoren. Der Alliierte Kontrollrat wird oberstes Regierungsorgan, die ihm unterstellte Alliierte Kommandantur wird es in Groß-Berlin.

Anfang Juli 1945 marschieren die Westalliierten in Berlin ein. Die USA machen den Anfang. Am 3. Juli, es regnet wild, rücken 16.000 amerikanische Soldaten ein. Es gibt keine Parade, nur ein paar Grüppchen verloren winkender Zivilisten. Tags darauf folgen britische Einheiten und ein französisches Detachement. Das Gros der Franzosen kommt im August, nachdem die Potsdamer Konferenz Frankreich in den Kreis der Besatzungsmächte aufgenommen hat.

Die Amerikaner übernehmen sechs Bezirke im Südwesten der Stadt, die Briten vier im Westen und die Franzosen zwei im Nordwesten. Den Sowjets bleiben mit acht Bezirken im Osten 45,6 Prozent der Stadtfläche und 36,8 Prozent der Einwohner.

Bald aber führen zunehmende Differenzen zwischen den Siegern zum Kalten Krieg. Erster Höhepunkt dieses Krieges ist die Berlin-Blockade, die 1948 beginnt. Als Antwort auf die Währungsreform im Westen sperren die Sowjets im Juni 1948 alle Land- und Wasserwege in die Stadt. Daraufhin versorgen die U.S. Air Force und die Royal Air Force West-Berlin aus der Luft. Die „Berliner Luftbrücke", die bis zum Mai 1949 dauerte, kostet 31 Amerikanern, 39 Briten und 13 Deutschen das Leben — und sie rettet 2,1 Millionen West-Berliner vor einem Leben unter sowjetischer Besatzung. Die West-Berliner sehen in ihren Besatzern fortan Beschützer. Und Freunde.

Im Jahr 1949 gründen sich zwei deutsche Staaten: im Mai die Bundesrepublik Deutschland, im Oktober die Deutsche Demokratische Republik.

Aber hunderttausende von DDR-Bürgern verlassen in der Folgezeit ihr Land. Endlich, um die Massenabwanderung zu stoppen, errichtet Ost-Berlin auf Geheiß Moskaus eine Mauer.

Der Bau der Berliner Mauer ab 1961 ist nach der Kapitulation 1945 das zweite Ende von Berlin. Für etwas mehr als ein Vierteljahrhundert.

Deutsche Soldaten gehen in sowjetische Kriegsgefangenschaft. Im Hintergrund das Hauptportal des schwer beschädigten Lehrter Bahnhofs.

In Reih und Glied marschieren auch diese deutsche Soldaten in sowjetische Kriegsgefangenschaft. Viele werden nicht mehr zurückkehren.

Nach dem Kampf. Ein zerstörter Panzerwagen der Waffen-SS in einer Berliner Straße.

1. Mai 1945. An der Ecke Große Frankfurter Straße und Andreasstraße im Bezirk Mitte. Im Hintergrund sieht man den Alexanderplatz, dem Alfred Döblin mit seinem gleichnamigen Roman ein literarisches Denkmal setzte. Rainer Werner Fassbinder hat das Buch verfilmt.

Zwei sowjetische Iljuschin II-2 Bomber fliegen nach der Kapitulation über ein Industriegebiet an der Spree im südlichen Teil von Berlin.

Gegenüber: Blick auf das Rote Rathaus, Sitz der Berliner Stadtregierung. In der oberen rechten Ecke ist die älteste Kirche der Stadt zu erkennen, die Marienkirche, die ebenfalls beschädigt wurde.

Unten: Sowjetische Soldaten auf Fahrrädern bewachen deutsche Soldaten auf dem Weg in die Gefangenschaft. Im Hintergrund brennt immer noch ein Gebäude.

Gegenüber: Zivilisten ziehen durch die Straßen der Stadt, die in Schutt und Asche liegt.

Unten: Erschöpfte und verwundete Soldaten der Wehrmacht kampieren in einem Behelfslager Unter den Linden.

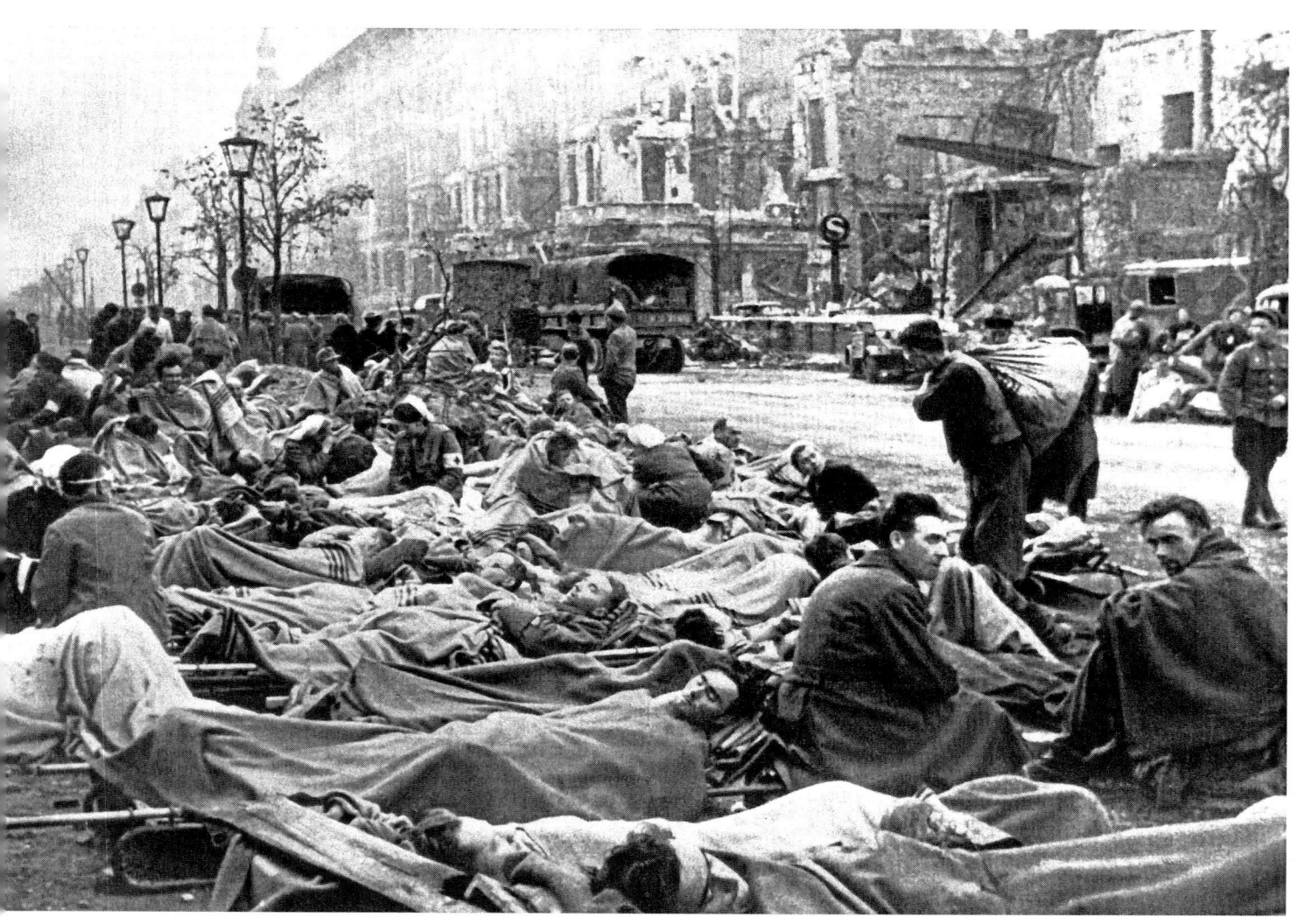

Unten: Eine Berlinerin kritzelt eine Nachricht an eine Mauer; sie hofft, so ihre Familie wiederzufinden.

Gegenüber: Höhnischer Schriftzug an der Fassade einer Ruine.

Nächste Seite: Zwei sowjetische Soldaten in der zerstörten Reichskanzlei. Sie begutachten einen gefallenen Reichsadler, der einen Lorbeerkranz mit Hakenkreuz umgreift.

Die Sieger

SOWJETISCHE SOLDATEN setzen die Rote Fahne auf den Reichstag. Eine Stunde später, im „Führerbunker" unter der Reichskanzlei, stiehlt sich Hitler aus Verantwortung und Leben. Sein „Tausendjähriges Reich" endet nach zwölf Jahren.

„Heruntergekommene, abgerissene, oft völlig erschöpfte deutsche Soldaten und Offiziere legen überall auf den Straßen und Plätzen die Waffen nieder und ergeben sich scharenweise als Gefangene unseren Truppen", schreibt der Rotarmist Pjotr Sebeljow seiner Familie am 30. April 1945. „Ihr könnt euch diesen unseren Triumph kaum vorstellen."

Ein sowjetischer Triumph, der auch in den letzten Tagen des Krieges hohen Blutzoll forderte. An die 80.000 Rotarmisten (und 9000 polnische Soldaten) fielen nach offiziellen Angaben bei der „Schlacht um Berlin", die vom 16. April bis 2. Mai tobte; 275.000 Soldaten wurden verwundet. Die deutschen Verluste: 92.000 Tote und 200.000 Verwundete; 480.000 Soldaten alleine aus Berlin marschieren in sowjetische Gefangenschaft.

Ein sowjetischer Triumph, der, überall wo die Rote Armee Gebiete zurückeroberte oder eroberte, mit Plünderung, Vergewaltigung und Mord einherging, getrieben von Rache, befeuert von Propaganda. Es gab Militärbefehle, die Zivilbevölkerung schonend zu behandeln. Aber es lag im Ermessen der Kommandanten, wie sie die Befehle handhaben. Nur wenige straften Verbrechen, die meisten verharmlosten oder ignorierten sie.

Soldaten, die Gräuel verhindern oder bestrafen lassen wollten, mussten selbst mit Bestrafung rechnen. Lew Kopelew, der sich später als Schriftsteller einen Namen machte, wurde Anfang April 1945 verhaftet und wegen „Propagierung des bürgerlichen Humanismus" und „Mitleid mit dem Feind" zu zehn Jahren Arbeitslager verurteilt.

Zwei Millionen deutsche Frauen und Mädchen wurden Schätzungen zufolge von Rotarmisten vergewaltigt — vereinzelt sogar weibliche Häftlinge, die bei der Evakuierung des KZ Ravensbrück, hundert Kilometer nördlich von Berlin, fliehen konnten. 100.000 Vergewaltigungsopfer soll es alleine in Berlin gegeben haben, 10.000 Berlinerinnen starben an den Folgen der Gewalt und durch Selbstmord.

Marta Hiller überlebt. Nach der dritten Vergewaltigung macht sich die 23-Jährige einem Sowjetoffizier zur Sexsklavin, um sich vor weiteren Schändungen zu schützen. Ihre Leiden beschreibt sie später als „Anonyma" in dem Buch „Eine Frau in Berlin".

Das sowjetische Oberkommando gibt am 20. April 1945 Weisung, die Gewalt einzudämmen. Die Kommandanten gehen ab Herbst dazu über, Vergewaltiger zu bestrafen — durch standrechtliche Erschießung, wenn ihr Opfer ums Leben gekommen war. Täter werden aber nur selten gefasst.

Es gibt auch Episoden, die Hoffnung machen. Pjotr Sebeljow beobachtet eine davon am 30. April 1945. „Ich schreibe diesen Brief und sehe durch das Fenster, wie einer von unseren Soldaten und ein deutscher Soldat abwechselnd direkt aus der Flasche Schnaps trinken, gestikulieren und über irgendetwas reden. Erstaunlich!"

Eine sowjetische Fotografin macht ein Bild von Soldaten der Roten Armee. Auf der Rückseite steht: „1945: Erinnerung an den Krieg".

Gegenüber: Sowjetische Soldaten marschieren in Richtung Berlin. Das Schild auf der rechten Seite ist auf russisch. Darauf heißt es: „Stopp! Keine Schnellstraße. Frontlinie."

Unten: Die Sowjetische Kavallerie trabt ein. In den Bildunterschrift auf der Rückseite des Fotos heißt es: „Die Truppen machen schnellen Fortschritt, treffen auf keine organisierte Gegenwehr in Nord- oder Süd-Berlin."

Trümmer und Schutt türmen sich in einer Straße in einem der innerstädtischen Bezirke, nachdem die letzten Schüsse abgefeuert wurden.

Sowjetische Soldaten waschen ihre Hände und Gesichter auf der Straße. Die Bildunterschrift auf der Rückseite des Fotos besagt: „1945. Morgen des Triumphs.“

Zwei sowjetische Soldaten in der großen Halle der Reichskanzlei in der Voßstraße, dem Gebäude, von dem aus Hitler regierte.

Ein Konzert in den Ruinen. Ein sowjetischer Soldat spielt für seine Genossen von der Roten Armee.

Gegenüber: Sowjetische Soldaten hissen die Rote Fahne auf dem Dach des Reichstags, wo nur Tage zuvor noch die Nationalsozialisten regiert haben.

Unten: Sowjetische Soldaten schreiben ihre Namen und auch Grußworte auf die Wände des Reichstags.

Die ersten Soldaten der Roten Armee kehren zurück nach Hause, in die Sowjetunion.

Auf dem russischsprachigen Schild an dem Zug heißt es: „Wir kommen aus Berlin.“

Oben: Sowjetische Soldaten hissen die Rote Fahne mit Hammer und Sichel auf dem Brandenburger Tor. Die Figur auf der Quadriga, die griechische Göttin Nike, wurde zerstört.

Gegenüber: Sowjetische Soldaten lassen sich in einer Berliner Straßenbahn fotografieren.

Nächste Seite: Ein toter Wehrmachtssoldat vor dem Brandenburger Tor. Die Gebäude hinter dem Tor stehen in Flammen. Möglicherweise wurde der Soldat eigens für das Foto so hingelegt.

Die Besiegten

DIE WAFFEN schweigen, die Stadt atmet auf. Die Berliner wanken in den ersten Maitagen aus Kellern und Bunkern ans Tageslicht, hinein in eine Trümmerwüste, in der vereinzelt Bäume trotzig in voller Blüte stehen — Oasen eines neuen Lebens.

Die neunzehnjährige Gerda Petersohn denkt nicht an ein neues Leben, als sie sich wieder auf die Straßen von Neukölln wagt. Überall Staub und Trümmer, Brände und Leichen. Und Gestank. Sie denkt: „Du wirst nicht mehr leben können."

Nicht nur der Schrecken vor ihr lässt Gerda so denken, auch der Schrecken hinter ihr. Der erste sowjetische Soldat, der in den Keller stürmte, forderte „Uri, Uri" (Armbanduhren); die anderen forderten „Frau, komm!". Sie wurde zufällig verschont und ihre Schwester nur, weil sie ein Baby im Arm hatte. Ihre Schwägerin wurde mehrfach vergewaltigt; sie und ihre Eltern hängten sich daraufhin auf, sie überlebte, die Eltern starben.

Dieser Albtraum ist zu Ende. Und ist es auch nicht. Die Überlebenden schwanken zwischen Erleichterung und Entsetzen, Hoffnung und Verzweiflung. Nur zwei Dinge interessiert sie: Wo sind meine nächsten Familienangehörigen? Und, noch viel wichtiger: Woher bekomme ich die nächste Mahlzeit?

Peter Hannemann traut sich am Morgen des 9. Mai 1945 mit seiner Mutter aus dem Keller ihres Mietshauses in Kreuzberg, zusammen mit anderen Hausbewohnern. Einige Nachbarn sind tot, sie liegen begraben hinter dem Balkon der Hannemanns, neben gefallenen sowjetischen Soldaten, von der NS-Ideologie verschrien als „Untermenschen".

„Die Angst vor den Russen war immer noch groß", erinnert sich Peter Hannemann, damals fast zehn Jahre alt. Aber der Hunger sei so unerträglich geworden, „dass er uns selbst die Todesangst vergessen ließ". Die Hungernden machen sich auf in die Stadt, um etwas Essbares aufzutreiben. Peter ist das einzige Kind unter Frauen und einem Mann — Herr B. hat noch vor der Kapitulation seine Einheit verlassen, um unversehrt zu seiner Frau zurückzukehren.

Die Gruppe marschiert vorbei an haufenweise Schutt, an ausgehöhlten Häusern, an geborstenen Brücken, abgeschossenen Panzern, verwesenden Leichen. Eine Straßenkontrolle sowjetischer Soldaten stoppt sie. Herr B. muss zur Seite treten. Man brauche ihn für ein Aufräumkommando, er werde am Abend wieder zuhause sein. Frau B. sieht ihren Mann nie wieder, er stirbt in einem Gefangenenlager in Sibirien.

Schätzungen zufolge deportierten die Sowjets nicht nur mehr als eine Million Soldaten, sondern auch 270.000 deutsche Zivilisten zur Zwangsarbeit in die Sowjetunion. 66.000 kamen in diesen Jahren um. Weitere 122.000 wurden bis 1950 in der Sowjetischen Besatzungszone, interniert, von denen 40.000 bis 50.000 starben.

Peter Hannemann findet an jenem 9. Mai nichts Essbares. Als er mit den anderen wieder zuhause ist, steht auf dem Hof des Mietshauses eine Gulaschkanone. Sowjetische Soldaten haben für die Hausgemeinschaft Suppe gekocht.

Gerda Petersohn denkt erst an ein neues Leben, als Anfang Juli Neukölln Teil des Amerikanischen Sektors wird. Noch im Sommer gibt es wieder Tanzveranstaltungen. Sie lernt dabei ihren Mann kennen.

Tage nach der deutschen Kapitulation gehen sowjetische Soldaten eine Straße in Berlin entlang. Die Tischdecken und Bettlaken, die aus den ausgebombten Wohnungen hängen, zeigen an, dass die Bewohner kapitulieren.

Gegenüber: Das Brandenburger Tor im Rücken, marschieren deutsche Soldaten in sowjetische Kriegsgefangenschaft.

Unten: Ein junger sowjetischer Soldat nimmt einen deutschen Offizier gefangen.

Unten: Das Rote Kreuz verteilt Decken an verwundete deutsche Soldaten entlang Unter den Linden.

Gegenüber: Eine Kolonne von Soldaten wurde gefangengenommen. Ein Mann, der von seinen Kameraden getragen wird, hat ein verwundetes Bein.

Gegenüber: Zivilisten und deutsche Soldaten verlassen einen U-Bahn-Schacht, in dem sie Schutz gesucht haben. Oben angekommen, werden die Soldaten entwaffnet.

Unten: Ein toter deutscher Soldat auf einer Berliner Straße. Er trägt immer noch sein Eisernes Kreuz an der Uniform.

*Links: Ein
Mädchen schleppt
ihre letzten
Besitztümer. Im
Vordergrund
liegt ein toter
deutscher Soldat.*

*Gegenüber:
Eine Frau am
Landwehrkanal,
die Selbstmord
beging. Sie ist eine
von hunderten
Berliner Frauen,
die sich das
Leben nehmen.*

Gegenüber: Drei Wehrmachtsangehörige, die sich in einem Keller versteckt hielten, ergeben sich sowjetischen Soldaten.

Unten: Eine Barrikade auf der Moltkebrücke im Tiergarten, errichtet, um den sowjetische Vormarsch zu stoppen. Heute ist die Straße über die Brücke nach Willy Brandt benannt, der deutsche Kanzler, der während des Kriegs im besetzten Norwegen im Widerstand kämpfte.

Unten: Eine Vorführung, die zeigt, wie eine Panzerabwehrrakete funktioniert. Die Kindersoldaten im Hintergrund waren Teil des „Volkssturms", der die letzte deutsche Verteidigungslinie formte.

Unten: Hitler konferiert mit Wehrmachtsoffizieren. Wann und wo, ist nicht bekannt.

Unten: Der „Führerbunker", Hitlers letzte Zuflucht auf dem Gelände der Reichskanzlei im Zentrum von Berlin.

Gegenüber: Das Foto soll Hitlers Leiche sein, nachdem er sich umgebracht hat. Die Echtheit des Fotos ist allerdings umstritten. Manche Historiker glauben, dass es von der sowjetischen Propaganda gestellt wurde.

Nächste Seite: Ein symbolisches Grab für einen Berliner mit dem Namen Hans Kirsamer irgendwo in den Ruinen der Stadt. Er wurde am 13. Mai 1913 geboren und am 29. Januar 1944 vermisst gemeldet, vermutlich an der Ostfront.

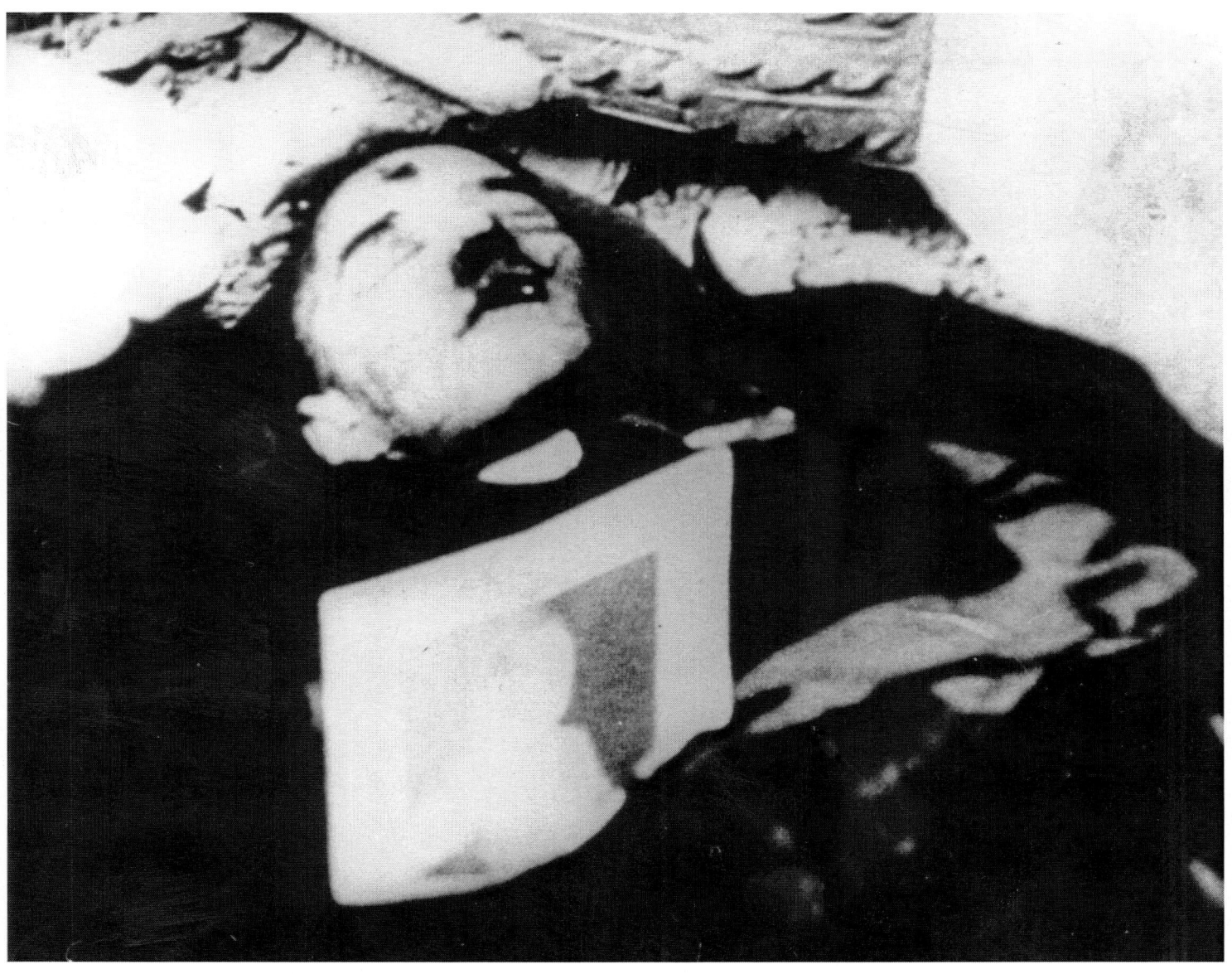

Schutt und Asche

FAST UNBESCHÄDIGT steht sie auf dem Verkehrsrondell des Großer Stern mitten im Tiergarten, wie zum Hohn: Die Siegessäule, das Nationaldenkmal der Einigungskriege, erbaut von 1864 bis 1873. Der Tiergarten selbst ist großflächig abgebrannt, die Stadt um ihn herum ist zerbombt. Wäre es nach Hitler gegangen, wäre die Siegessäule Teil der Ost-West-Achse der „Welthauptstadt Germania" geworden.

„Die Stadt ist ein öder, unheimlich wirkender Trümmerhaufen mit gespenstischen Formen ehemaliger Häuser, Straßen, Plätze und Stadtviertel", schreibt der Berliner Karl Deutmann am 24. Juni 1945 in sein Tagebuch. „Wie von der Hand eines Riesen zerschmettert liegt das Trümmerfeld der viereinhalb-Millionenstadt in der Sonne, umsäumt von dem grünen Kranz der nicht so schwer mitgenommenen Vororte."

Der „totale Krieg", den Goebbels bei einer Rede im Berliner Sportpalast im Februar 1943 heraufbeschworen hatte, war über Deutschland gekommen.

Zehntausende Tonnen Sprengstoff und Phosphor regneten bei 363 Luftangriffen auf Berlin. Sie legten die Stadt in Schutt und Asche, töteten Schätzungen zufolge 50.000 Menschen, und verletzten 100.000.

Es gibt andere deutsche Städte, die mehr Opfer durch Fliegerbomben zu beklagen hatten. Aber keine Stadt ist, gemessen an ihren Gebäuden und Straßen, so total zerstört worden wie Berlin.

Ein Sechstel des Stadtgebiets ist im Mai 1945 total zerstört (28,5 von 187 Quadratkilometern); jedes zehnte Gebäude (11,3 Prozent oder 27.700 Gebäude von insgesamt 245.300 Bauwerken) ist total zerstört, etwas mehr als jedes zwölfte (8,2 Prozent oder 20.100 Gebäude) sind schwer beschädigt. Jeder dritte Wohnung (500.000 von 1.562.641 Wohnungen) ist total zerstört,

100.000 sind schwer beschädigt; fast ein Drittel des Straßennetzes (1350 von 4300 Kilometern) ist total zerstört. Bis zu 90 Millionen Kubikmeter Schutt liegen in der Stadt, etwa fünfzehn Prozent der gesamten Trümmermenge in Deutschland.

Ruinen und Schutt dienen dem Wiederaufbau. Mit den Trümmern, die nicht zur Wiederverwertung taugten, füllt man Schützengräben, Bombenkrater, Luftschutzeinrichtungen und andere Kriegsrelikte. Allein eine Million Kubikmeter Schutt häuft man auf gesprengte Flakbunker im Friedrichshain. So wachsen der Große Bunkerberg (78 Meter) und der Kleine Bunkerberg (52 Meter)

Auch andere Berge aus Trümmern entstehen. Der größte in Berlin ist der Teufelsberg am Nordrand des Grunewalds, nahe dem Teufelssee. Er besteht aus 26 Millionen Kubikmeter Schutt und ist 120 Meter hoch. Im Kalten Krieg diente er als Abhörstation der amerikanischen und britischen Geheimdienste.

Karl Deutmann und seine Frau sehen bei ihren Streifzügen durch Berlin im Sommer 1945 nur Trümmer und Hunger, Schutt und Armut und immer wieder Gräber, am Wegesrand und in Vorgärten, mal mit und mal ohne Kreuz, mal nur schlichte Hügel, und sogar noch Leichen, in Ruinen und im Landwehrkanal.

Besonders nahe geht Deutmann die bis zur Unkenntlichkeit verbrannte Leiche eines US-Jagdfliegers: „Hatte diesen schrecklichen Rest eines Menschen in dem verkohlten Pelz, der aussah wie ein verendetes, verbranntes, wildes Tier, nicht auch eine Mutter geboren, hatte er nicht auch jemand geliebt, der auf ihn wartete? Weshalb hatte man diesen Ärmsten aller Armen nicht begraben? Er starb als Feind, aber mit diesem traurigen Rest von einem Menschen haben wir wohl tiefes Erbarmen gefühlt."

Die nordöstliche Ecke des Alexanderplatz, ein zentraler Platz im Osten von Berlin mit vielen Geschäften. Der Platz wurde während des Krieges komplett zerstört.

Ein brennendes Gebäude an der Dircksenstraße in der Nähe des Alexanderplatzes.

Gegenüber: Ein blinder Mann und sein Begleiter sitzen in den Ruinen von Berlin.

Unten: Die Aussicht vom Alexanderplatz auf die Marienkirche und die Georgenkirche. Die Georgenkirche wurde durch das Bombardement der Alliierten schwer beschädigt. Sie wurde 1950 gesprengt.

Gegenüber: Das Reichsluftfahrtministerium, erbaut im Jahr 1935 an der Ecke von Wilhelmstraße und Leipziger Straße. Heute befindet sich das Finanzministerium der Bundesrepublik in dem Gebäude.

Gegenüber: Das zerstörte Stadtschloss mit dem Berliner Dom im Hintergrund.

Unten: Der Spittelmarkt an der Leipziger Straße, wo früher der Marktplatz der Stadt war.

Nächste Seiten: Der Gendarmenmarkt mit dem Französischen Dom und dem Königlichen Theater, heute das Schauspielhaus. Der klassizistische Platz wurde zu DDR wieder aufgebaut und in Platz der Akademie umbenannt. Im Jahr 1991 erhielt er seinen ursprünglichen Namen zurück.

Gegenüber: Die freigelegte U-Bahn Station Hausvogteiplatz. Der Platz war in den dreißiger Jahren das Zentrum der Modeindustrie.

Unten: Ein erschöpfter Mann an der Friedrich-Karl-Straße im Bezirk Tempelhof.

Gegenüber: Die Kaiser-Wilhelm-Gedächtniskirche mit dem Zoologischen Garten auf der linken Seite. Die meisten Tiere überlebten den Krieg nicht, sie verbrannten bei Bombenangriffen.

Unten: Der Potsdamer Bahnhof nahe dem Potsdamer Platz wurde 1945 komplett zerstört. In fünfziger Jahren wurde die Ruine abgerissen.

Ein kaputter Panzer vor einer zerbombten Eisenbahnbrücke.

Nächste Seite: Ein alter Mann mit einer Drehorgel im Sommer 1945.

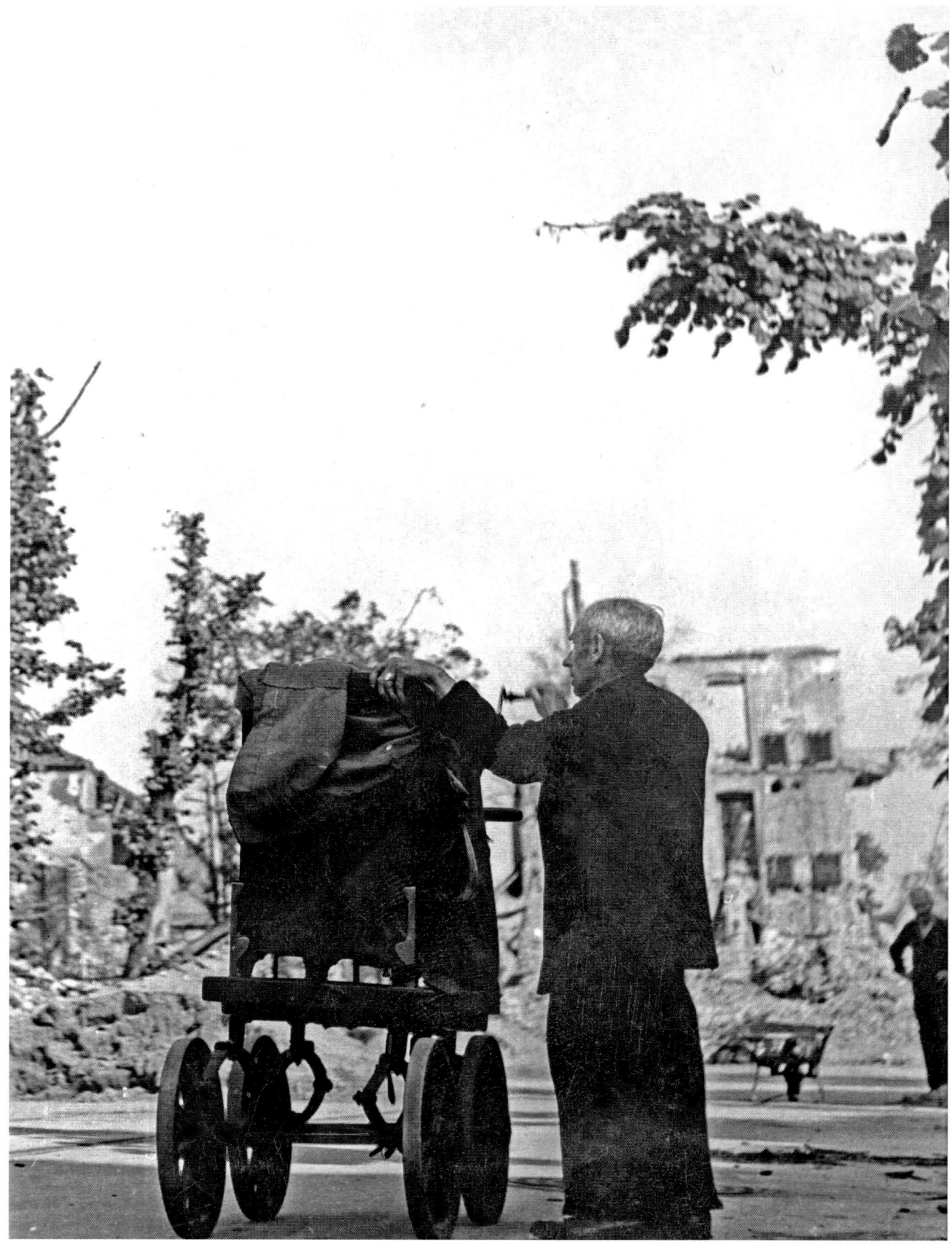

Das tägliche Brot

FRIEDEN IST eingekehrt. Der Kampf ums Überleben aber geht weiter, Tag für Tag. „Papa war nur unterwegs und musste überall anstehen", schreibt Friedel Tannhäuser im Jahr 1946. „Morgens an der Pumpe zwei Stunden nach Wasser, dann im Kuhstall nach einem Viertel Liter Milch, die es nicht immer gab, mittags drei bis vier Stunden beim Bäcker, vergeblich, und dann wieder nach Wasser."

Die Tannhäusers — Friedel und ihre Tochter, geboren im Mai 1945, und ihre Eltern — wohnen in Neukölln, im Amerikanischen Sektor, bekommen aber Lebensmittel aus dem Sowjetischen Sektor. Bei der Ausgabe von Sonderrationen fühlen sich weder Amerikaner noch Russen zuständig, sodass die Familie oft leer ausgeht.

Friedels Tochter überlebt ihr erstes Lebensjahr nur, weil Verwandte sie mit ernähren. Im Frühjahr 1946 bekommt sie von offizieller Seite zusätzliche Rationen: Lebertran, Schokolade, Trockenfleisch, Haferflocken. Ihre Mutter schreibt: „Anscheinend war den Alliierten die Kindersterblichkeit in Berlin doch zu hoch."

Die Säuglingssterblichkeit ist 1945 mit fast 25 Prozent so hoch wie um 1900 und wird sich im Jahr darauf noch verdoppeln. Die Alliierte Kommandantur erweitert daher im August die Milchzuteilung und beschließt im September die Anhebung der Lebensmittelrationen für neun- bis 17-Jährige.

Die Briten starten im Oktober die „Aktion Storch" und schicken 50.000 Berliner Kinder in ländliche Gebiete ihrer Zone. Das Schwedische Rote Kreuz hilft auch: Die „Schweden-Speisung" verköstigt in den Wintermonaten 1946 bis 1949 um die 120.000 Kinder im Alter von drei bis sechs Jahren in Berlin (mit täglich 28.000 Portionen Suppe), in Hamburg und im Ruhrgebiet.

Der durchschnittliche Kalorienverbrauch in Deutschland liegt 1946 bei 1450 Kalorien am Tag, weniger als die Hälfte der vom Völkerbund empfohlenen Norm. Er sinkt zeit- und gebietsweise auf unter tausend Kalorien.

Der ungewöhnlich kalte und lange Winter 1946/47 verschlimmert die Lage. Zur Ernährungskrise kommt die Kohlenkrise, verursacht durch die unzureichende Produktivität veralteter Anlagen und die mangelhafte Qualifikation unerfahrener Bergleute. Demontagen begünstigen die Krise. Frankreich und die Sowjetunion bedienen sich an Rohstoffen und Industrieanlagen, um sich für ihre Kriegsverluste zu entschädigen.

Die Tannhäusers verbrennen ihre Möbel und Bücher, um nicht zu erfrieren. Der „Schwarze Hunger" und der „Weiße Tod" gehen um, sagt der Volksmund. Schätzungsweise 400.000 Männer, Frauen und Kinder kommen im „Hungerwinter" in Deutschland, und in Berlin stirbt jedes zweite Neugeborene). Insgesamt 1,5 Millionen Menschen überleben die ersten drei Nachkriegsjahre nicht.

Die Lage in Berlin, wo Überlebende in Erdlöchern und Ruinen, Bunkern und „Nissenhütten" (Wellblechbaracken) hausen, ist katastrophal. Verzweifelt versuchen Menschen, an Kartoffeln und Kohlen heranzukommen: Was von Lastwagen oder Zügen fällt, sammeln sie auf; bei Gelegenheit plündern sie ganze Lieferungen. Jedes Stück Boden nutzen sie zum Gemüseanbau.

Die Not führt dazu, dass im Sommer 1947 in manchen Regionen Deutschlands 80 Prozent der Einwohner unterernährt sind. Die körperliche Schwäche, verbunden mit schlechten hygienischen Bedingungen, begünstigt Infektionskrankheiten wie Tuberkulose, Diphtherie, Typhus, Ruhr.

Auch Familie Tannhäuser erkrankt an der Ruhr. Friedel Tannhäusers Vater Franz stirbt 1950 an den Spätfolgen seiner Erkrankung.

Vorherige Seite: Wasserausgabe auf einer Berliner Straße, organisiert von sowjetischen Soldaten.

Gegenüber: Flüchtlinge bekommen heiße Suppe vom Roten Kreuz.

Unten: Kinder kratzen aus einem Lieferwagen das übriggebliebene Mehl heraus. Ihre Mütter nutzen das Mehl, um Suppe zu kochen. Diese Kinder werden „Mehlkratzer" genannt.

Unten: Hunger. Zwei ältere Berliner zerlegen auf der Straße ein verendetes Pferd.

Gegenüber: Eine Familie transportiert Holz für ihren Brennofen ab.

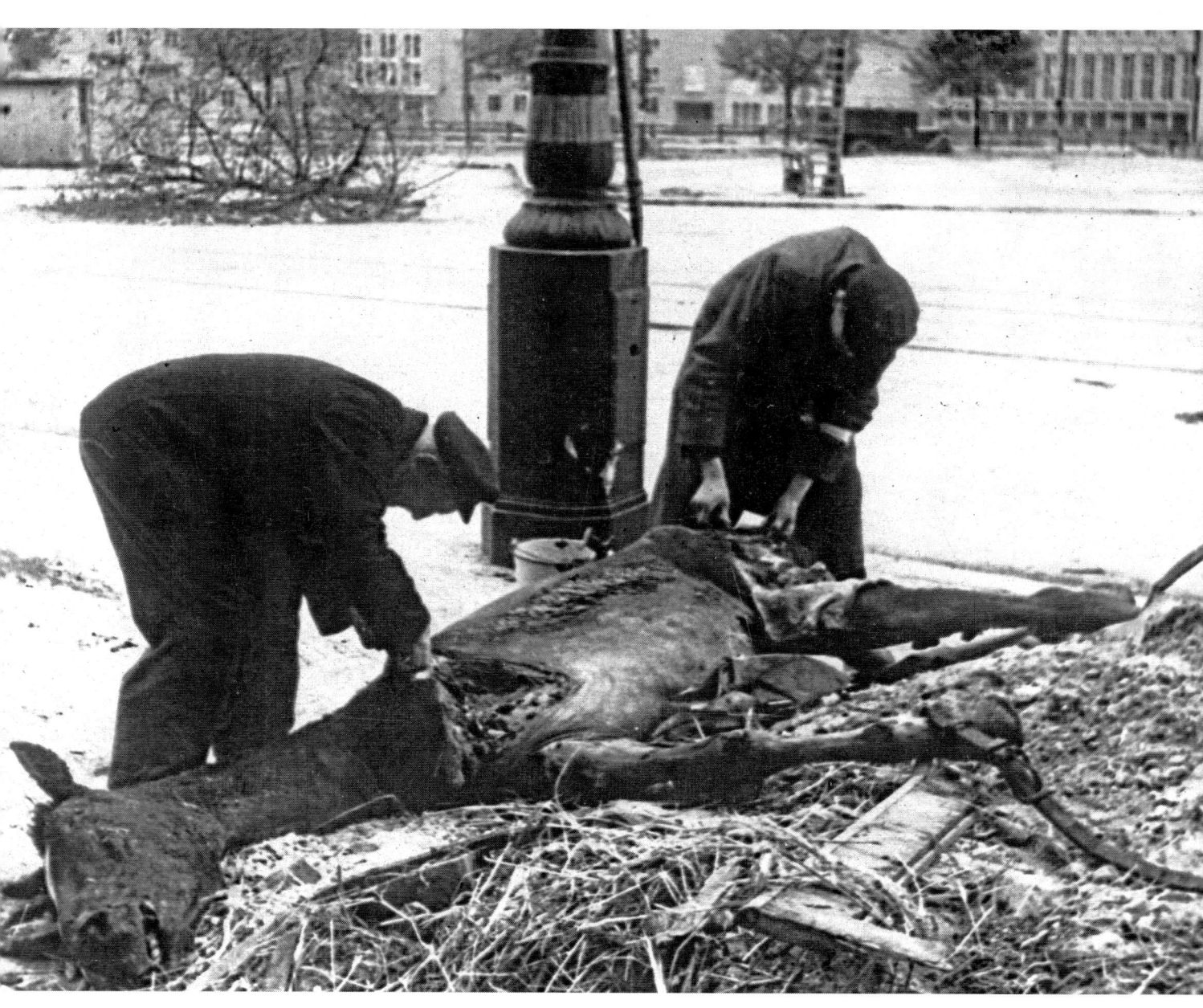

Unten: Berliner stehen um Öl aus einem Fass an.

Gegenüber: Die Essensrationen für Berliner nach 1945 beinhalteten Mehl aus Kastanien, Kaffee-Ersatz, Mandeln und Kartoffeln.

Unten: Mehl wird in Säcken zu dem Hauptquartier der sowjetischen Armee an der Wallstraße gebracht.

Gegenüber: Berlinerinnen füllen Säcke mit Kartoffeln.

Gegenüber: Bauern aus Brandenburg waren angehalten, ihre Kartoffeln in die Städte zu liefern, um sie an Berliner Familien zu verkaufen.

Unten: Eine Familie mit ihrem Hab und Gut.

Gegenüber: Eine Frau trägt einen Sack mit Kartoffeln, das wichtigste Nahrungsmittel im Berlin der Nachkriegszeit.

Unten: Menschen stellen sich an einem Pferdewagen für Essen an.

Soldaten verteilen Wasser. Sauberes Trinkwasser ist rar unmittelbar nach dem Krieg, was zu der hohen Rate der Säuglingssterblichkeit von fünfzig Prozent beiträgt. Die wenigen Pumpen, die noch funktionieren, sind dauernd belagert.

Unten: Der sowjetische Armeechef von Berlin-Mitte inspiziert Brot in einem Verteilungsbüro.

Nächste Seite: Zwei Frauen machen eine kurze Pause auf der Straße.

Unten und gegenüber: Auf der Schwarzkopffstraße wird Kohle verteilt. Berliner können ihre „HO-Marken", Essensmarken aus dem östlichen Sektor, gegen Kohle eintauschen. Die Verteilung findet im sowjetischen Sektor statt, aber einer ostdeutschen Zeitung zufolge stellen sich auch viele Berliner aus dem französischen Teil der Stadt an.

Unten: Familien in einer Warteschlange für Milch in Wilmersdorf, im britischen Sektor.

Gegenüber: Eine alte Frau sucht im Mülleimer nach Essensresten.

Nächste Seite: Trümmerfrauen, die den Schutt wegräumten und Berlin wieder aufbauten, wärmen sich auf.

Die verlorenen Kinder

HINTER DOROTHEA liegt Todesangst, vor ihr liegt Ungewissheit, als sie im Juli 1945 Berlin wiedersieht. Die Neunjährige fragt sich: „Wo sollen wir hier, in diesem Chaos, eine Wohnung finden?"

Als 1944 die Luftangriffe auf Berlin zunahmen, wurde Dorothea mit ihren drei Geschwistern ins sechzig Kilometer nördlich gelegene Dorf Schönermark geschickt. Ihre Mutter kam später dazu, ihr Vater war an der Front. Anfang April 1945 flohen die Dörfler vor der anrückenden Roten Armee. Tiefflieger beschossen den Treck. Und plötzlich waren sie da: die Russen. Dorothea sah, wie sie wehrlose Menschen erschossen, wie Panzer über Körper rollten. Dann trieben sie alle zurück ins Dorf. Dort sah sie, wie sie weitere Menschen töteten und wie sie Frauen wehtaten.

„Zu uns Kindern konnten die Russen ja auch sehr freundlich sein", erzählt Dorothea Hüntemann Jahre später. „Sie kamen manchmal mit ihren gefüllten Kochgeschirren und gaben uns zu essen." Ihrer fünfjährigen Schwester („Sie sah wie eine Puppe aus, unwahrscheinlich niedlich mit krausen Haaren und vielen Löckchen") brachten zwei junge Soldaten täglich kleine Geschenke. Weil sie aber oft erlebt hatte, dass Soldaten alles tun durften, hatte sie immer „ungeheure Angst davor, dass sie eines Tages meine Schwester einfach mitnehmen würden".

In Berlin leben bei Kriegsende eine halbe Million Kinder. Ruinen sind Spielplätze, in denen ein Fehltritt oder ein Blindgänger den Tod bedeuten kann; Kriegsgerät ist Spielzeug, das nicht weniger lebensgefährlich ist. Weil die meisten Väter kriegsgefangen, verschollen oder tot sind, müssen die ältesten Söhne und Töchter zum Familienunterhalt beitragen, müssen Essen und Brennholz und Kohle ranschaffen.

Jeder Tag ist auch ein Kampf gegen Verwahrlosung. Der Magistrat stellt im Oktober 1945 fest: Jedes zweite Kind hat keine wetterfesten Schuhe, jedes dritte keine winterfeste Kleidung.

Eine vaterlose Generation wächst heran. Schätzungsweise 2,5 Millionen Kinder — fast jedes vierte Kind in Deutschland — haben ihren Vater verloren; 100.000 auch ihre Mutter. Die meisten elternlosen Jungen und Mädchen sind Flüchtlinge und Vertriebene aus dem Osten; 30.000 von ihnen registrieren die Behörden 1945 im sowjetisch besetzten Mecklenburg-Vorpommern.

Allein 25.000 Vollwaisen streunen durch Ostpreußen. Die meisten dieser „Wolfskinder" kommen zwischen 1947 und 1951 in Heime und zu Pflegefamilien nach Ostdeutschland. Andere finden Aufnahme bei Familien im Baltikum und in Polen.

Dorothea hat Glück: Sie hat noch Familie, sie zieht zur Untermiete in die Wohnung einer Baronin in Charlottenburg im Britischen Sektor. Sie geht ab Herbst 1945 wieder zur Schule, sie bekommt ab 1946 dort auch Essen.

Aber sie ist nicht glücklich.

Wie Dorothea geht es vielen Kriegskindern und ehemaligen Schülersoldaten. Es heißt, Kinder seien besonders anpassungsfähig. Mag sein, zumal nicht nur auf den Straßen und Hinterhöfen und aus den Häusern Berlins schnell wieder ihr helles Lachen erschallt. Die meisten von ihnen verdrängen das erlebte Grauen. Bei vielen bricht es Jahrzehnte später hervor mit Schlafstörungen, Angstzuständen, Depressionen.

Dorothea Hüntemann hat zeitlebens das Gefühl, „dass ich gar keine richtige Kindheit gehabt habe (...) Meine hauptsächlichen Gefühle waren fast immer Ungewissheit und Angst".

Vorherige Seite: Berliner Kinder sehen ein Kasperletheater zwischen Schutt und Trümmern.

Gegenüber: Dieser drei bis vier Jahre alte Junge irrt Mitte Mai durch das Regierungsviertel, ganz allein. Sowjetische Soldaten geben ihm etwas zu essen und sorgen für eine Unterkunft.

Unten: Kinder tanzen in den Ruinen der Stadt.

Gegenüber: Diese Metallhülse, die wie eine Bombe aussieht, ist tatsächlich ein Zusatztank eines Messerschmidt- oder Focke-Wulf-Kampffliegers. In diese Tanks passten etwa 300 Liter Flugbenzin. Nun verwenden Kinder sie als Kanus.

Unten: Gefährliches „Spielzeug". Derartige Granaten, manche davon noch mit Pulver gefüllt, lagen überall im Nachkriegsberlin herum.

Unten, gegenüber: Kinder spielen in den Straßen der Stadt, oft unbeaufsichtigt.

Unten, gegenüber, und nächste Seite: Russische Soldaten spielen mit Berliner Kinder. Die Rote Armee versuchte, ihr Image zu verbessern, indem sie Fotos von Soldaten mit Kindern veröffentlichte. Die Kinder auf der Seite gegenüber wurden an der Frankfurter Allee fotografiert.

Unten: Grundschulkinder bekommen eine heiße Mahlzeit. Die Berliner Stadtregierung initiierte im November 1945 ein Schulspeisungsprogramm auf Anordnung der Alliierten Kommandantur. Familien wurden verpflichtet, von der Besatzungsmacht ihres jeweiligen Sektors Lebensmittelkarten für 25 Pfennig pro Stück zu kaufen.

Nächste Seite: Schwedische Krankenschwestern verteilen Essen an Kinder in Tempelhof (Amerikanischer Sektor), 1947.

Bei den Kopfschnellern
auf Borneo
Hermann Gerstmayer
Aufruhr im Sudan
AUFWÄRTS VERLAG BERLIN

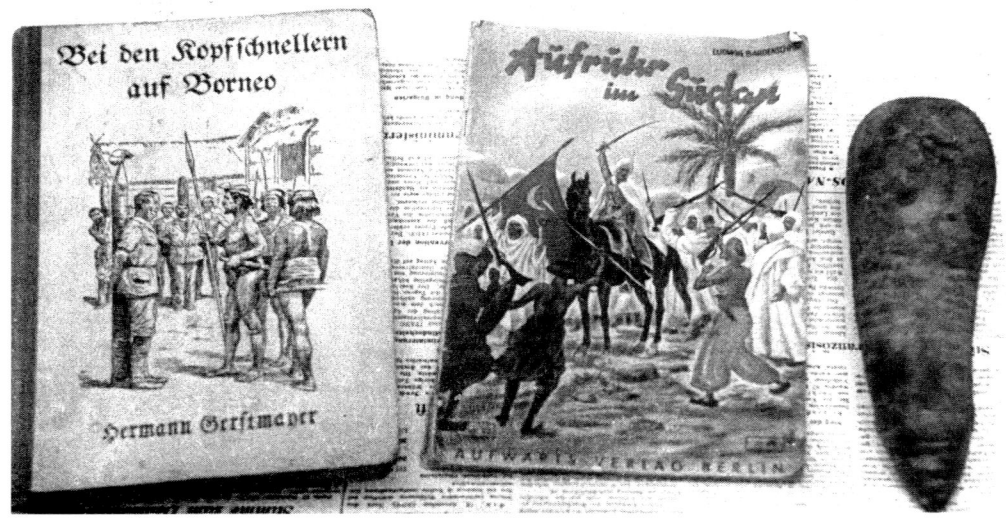

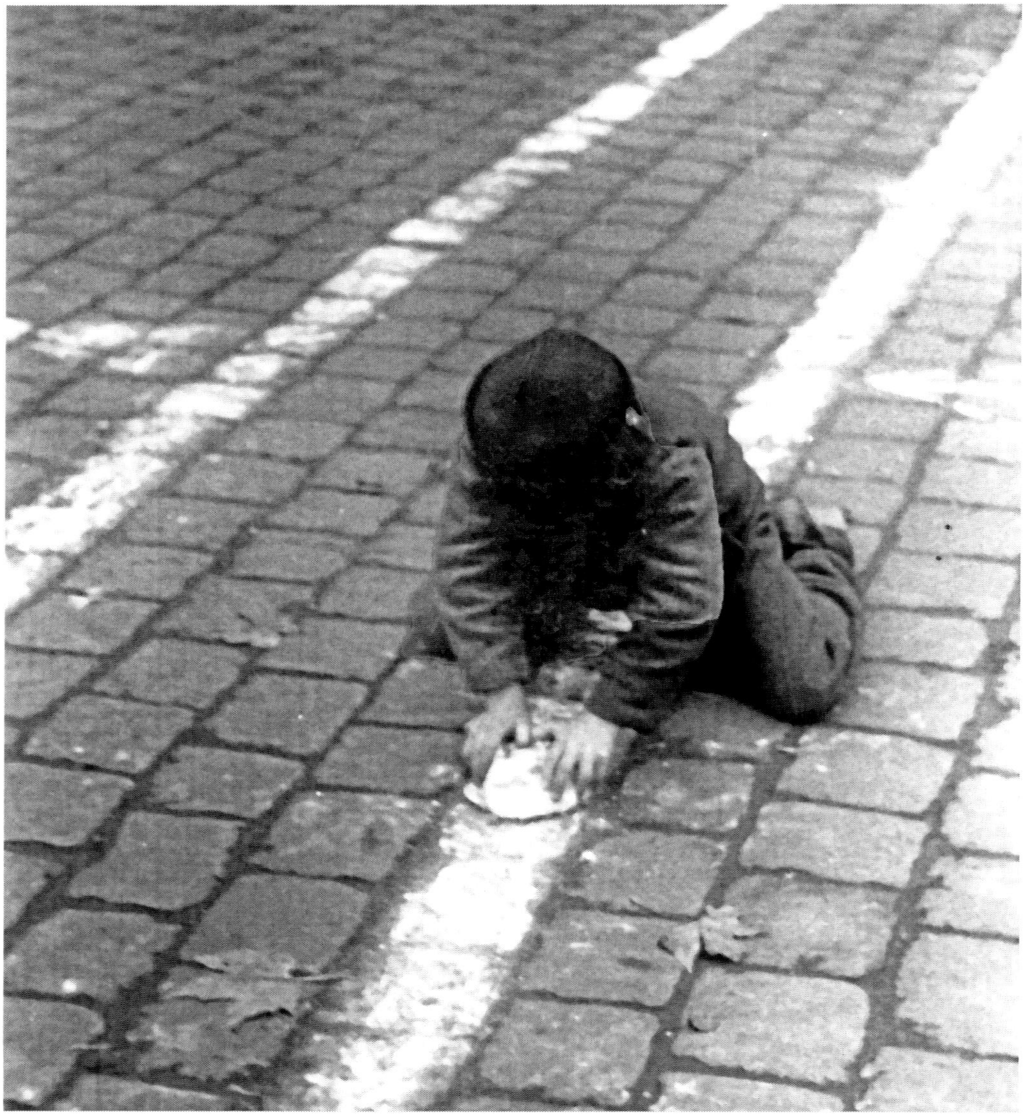

Vorhergehende Seiten, gegenüber, unten: Diese Fotos werden 1945 für ein Magazin aufgenommen. Sie bebildern eine Geschichte über ein Fahrradrennen für Kinder. Der Sieger bekommt eine Karotte. Wer auf dem zweiten und dritten Platz landet, erhält ein Abenteuermagazin, das noch vor dem Krieg gedruckt wurde.

Sommer in Berlin. Die Hydranten funktionieren wieder.

Unten: Kinder mit Roller und Puppenwagen am Savignyplatz in Charlottenburg, im Britischen Sektor.

Gegenüber: Eine Mutter und ihre Tochter machen eine Pause von ihrer Gartenarbeit am Brandenburger Tor, 1946.

Unten: Ein Nachbarschaftsfest auf einem geschmückten Hinterhof, mit Musik.

Nächste Seite: Kinder hocken in den Ruinen der Dorotheenstädtischen Kirche in Mitte. Die schwer zerstörte Kirche wurde nicht wieder aufgebaut. In der DDR-Zeit und noch danach lag die amerikanische Botschaft in dem Gebäude gegenüber an der Neustädtischen Kirchstraße, das ehemalige Warenhaus für die Armee und die Marine.

Der Schwarzmarkt

ES IST ein Gewusel von Männern, Frauen und Kindern, ein Suchen, Prüfen und Feilschen, ein Kopfschütteln und Nicken. Am Brandenburger Tor gibt es nichts, was es nicht gibt: Schuhe und Strümpfe, Uhren, Ringe und Juwelen, Kochtöpfe, Bügeleisen und Kinderwagen, Fotoapparate und Ferngläser, Damenwäsche aus Seide und Pelzmäntel, Schokolade und Zigaretten.

Die „Schwarze Börse" am Brandenburger Tor ist ein Schwarzmarkt von vielen im August 1945 in Berlin. Was der „offizielle Markt" hergibt, reicht nicht zum Überleben; was es für Lebensmittelkarten gibt (von rund 1300 Kilokalorien für Nichtberufstätige — „Friedhofskarte" genannt — bis rund 2600 Kilokalorien für Schwerstarbeiter) ebenfalls nicht. Die Berliner sind, wie alle Städter, auf den Schwarzmarkt angewiesen. Weil die meisten Berliner aber zu wenig verdienen — falls überhaupt irgend etwas —, um von Schwarzhändlern etwas zu kaufen, gebrauchen sie ihre Ersparnisse, wobei die wegen des Verfalls der Reichsmark immer weniger wert sind, oder verkaufen und tauschen Habseligkeiten.

„Es ist ein Rausch über die Menschen gekommen, zu tauschen, zu handeln, etwas lang entbehrt Schönes wieder einmal zu genießen; es zu besitzen um jeden Preis", schreibt der Berliner Karl Deutmann im August 1945 in sein Tagebuch. „Man trennt sich von Kostbarkeiten, um einmal wieder Speck zu essen, eine gute Zigarette zu rauchen …"

Die Amerikaner und Engländer kaufen gerne Uhren und Schmuck, die Russen kaufen auch Kleidung und geben zum Kaufpreis noch Lebensmittel wie Butter, Wurst, Speck, Zucker und Brot. Die Amerikaner wiederum verkaufen den Russen Armeeuhren, nachdem sie von den Deutschen goldene Uhren gekauft haben.

Und die Deutschen kaufen von den Amerikanern vorzugsweise Seife, Schokolade und Zigaretten. Zigaretten werden bald das wichtigste Zahlungs- und Tauschmittel für Schwarzmarktgeschäfte.

Tag und Nacht floriert das Geschäft auf den Schwarzmärkten. Die Besatzungsmächte führen regelmäßig Razzien durch, auch weil es auf den Märkten Ware gibt, die es nicht geben darf. Das sind zum Beispiel Eisenbahnfahrkarten für Fernzüge, für die man eine Sondererlaubnis braucht, gefälschte interzonale Pässe und andere falsche Papiere. Beschlagnahmte Lebensmittel verteilen die Behörden unter Bedürftigen.

Die Besatzungsmächte dulden indes den „Grauen Markt" und seine Kompensationsgeschäfte. Ein gutes Kompensationsgeschäft läuft so: Für 320 Reichsmark (nach damaligem offiziellen Wechselkurs 32 US-Dollar) gibt es ein Pfund Butter. Ein halbes Pfund ist für den eigenen Verbrauch. Für die andere Hälfte gibt es fünfzig Zigaretten. Zehn Zigaretten sind für den eigenen Verbrauch. Für vierzig Zigaretten gibt es eine Flasche Schnaps und eine Flasche Wein. Der Wein ist für den eigenen Verbrauch. Für den Schnaps gibt ein Bauer auf dem Land zwei Pfund Butter.

Die Menschen, die in langen Schlangen vor fast leeren Geschäften für ein bisschen Essen anstehen, trösten sich mit einem Witz: „Frieden ist erst, wenn der Fleischermeister wieder sagt: Darf es ein Viertelpfund mehr sein?"

Schwarzmarkthändler am Potsdamer Platz. Auf dem Bild unten ist die Ruine des „Haus Vaterland" zu sehen, in den zwanziger und dreißiger Jahren ein berühmter Gaststättenbetrieb und Vergnügungspalast.

Unten: Der Schwarzmarkt war für viele Berliner notwendig, um zu überleben, obwohl es Ganoven gab, die Leute ausnutzten, die nach Essen und anderen überlebenswichtigen Dingen suchten.

Gegenüber: Frauen tauschen Kleidung auf der Straße.

Unten, gegenüber: Bei einer Razzia der Polizei werden Schieber festgenommen. Auch ein paar Passanten, die zum Schwarzmarkt wollten, gerieten ins Netz.

Gegenüber und unten: Noch eine Razzia in Berlin, bei der alle Anwesende rund um den Block festgenommen und durchsucht werden. Was sie bei sich tragen, wird beschlagnahmt. Derartige Razzien werden oft angeordnet.

Gegenüber: Frauen bieten Kleider und Handtücher auf der Straße zum Verkauf an.

Unten: Ein Mann verkauft Porzellan aus seinem Wohnungsfenster.

Gegenüber: Sogar Blumen werden in den Ruinen angeboten.

Unten: Reifen zu verkaufen.

Gegenüber: Vieles aus dem privaten Besitz muss veräußert werden, um Geld für Essen zu haben.

Unten: Frauen werden festgehalten und nach Schwarzmarktgütern durchsucht.

Gegenüber, unten: Diese Kleidung wurden bei einer Razzia von der Polizei beschlagnahmt. Solche Jacken und Kleider haben viele geheime Taschen, die innen aufgenäht sind. Darin wird Schmuggelware versteckt.

Nächste Seite: Die Behörden versuchen, den Schwarzmarkt auszutrocknen, indem sie per Güterzug Kartoffeln und Heu aus Mecklenburg in die Stadt bringen lassen.

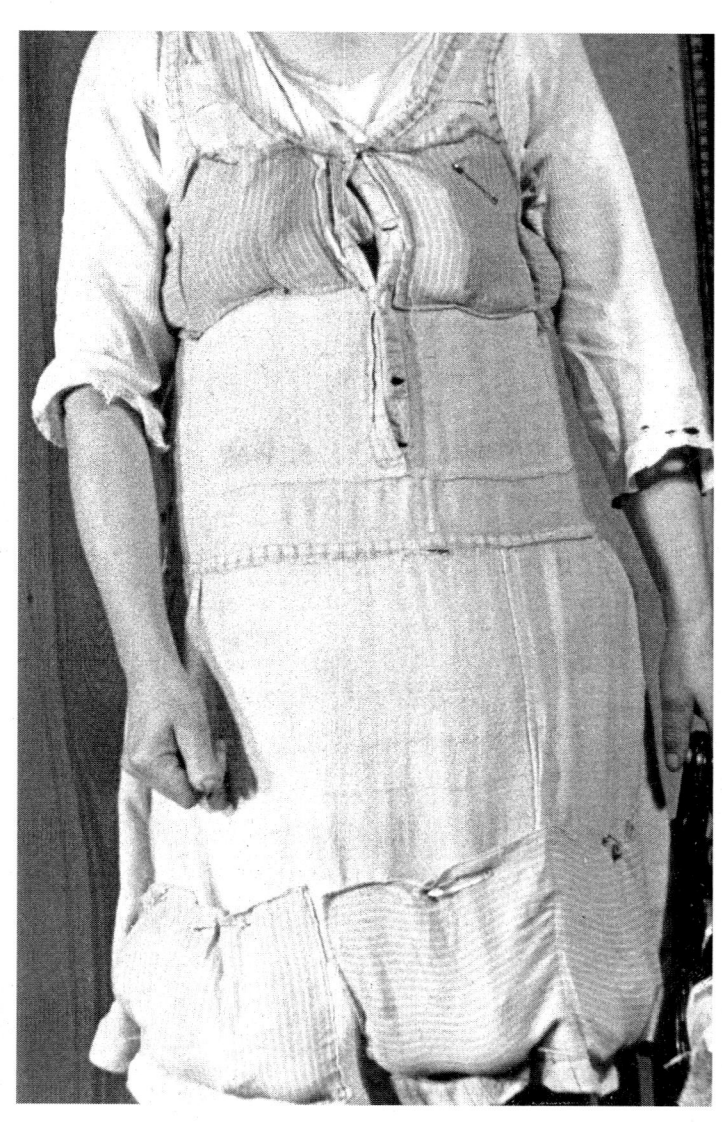
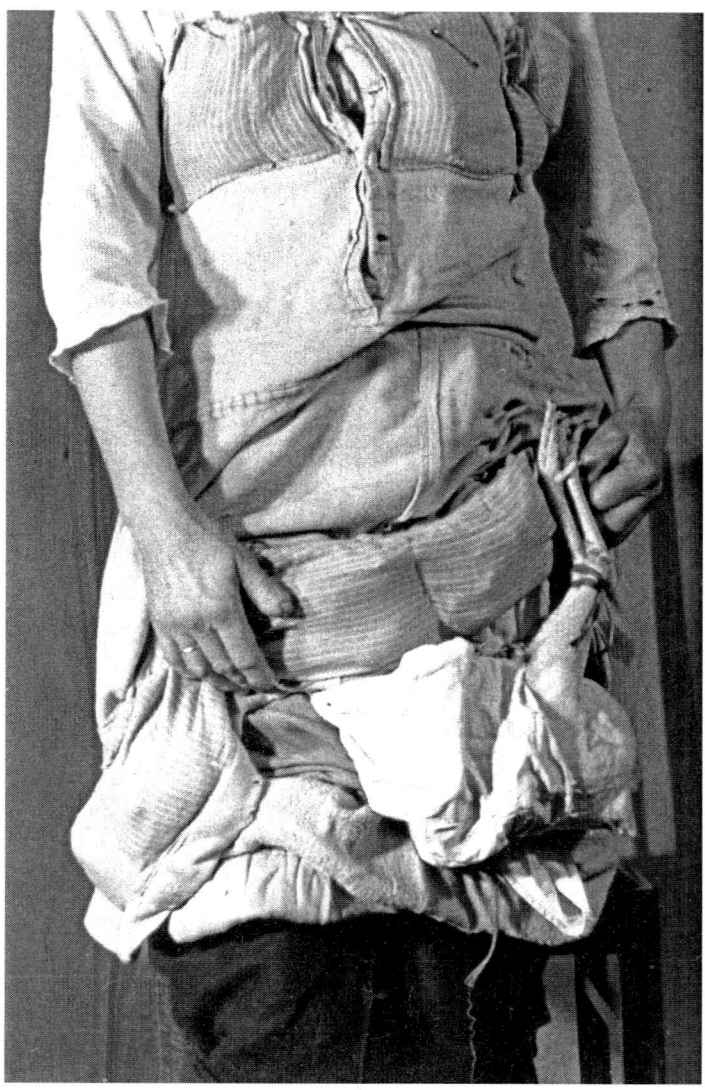

Ein weiterer Schritt in Richtung Normalität und zur Etablierung regulärer Märkte: Am Potsdamer Platz werden Kartoffeln verkauft, ganz legal.

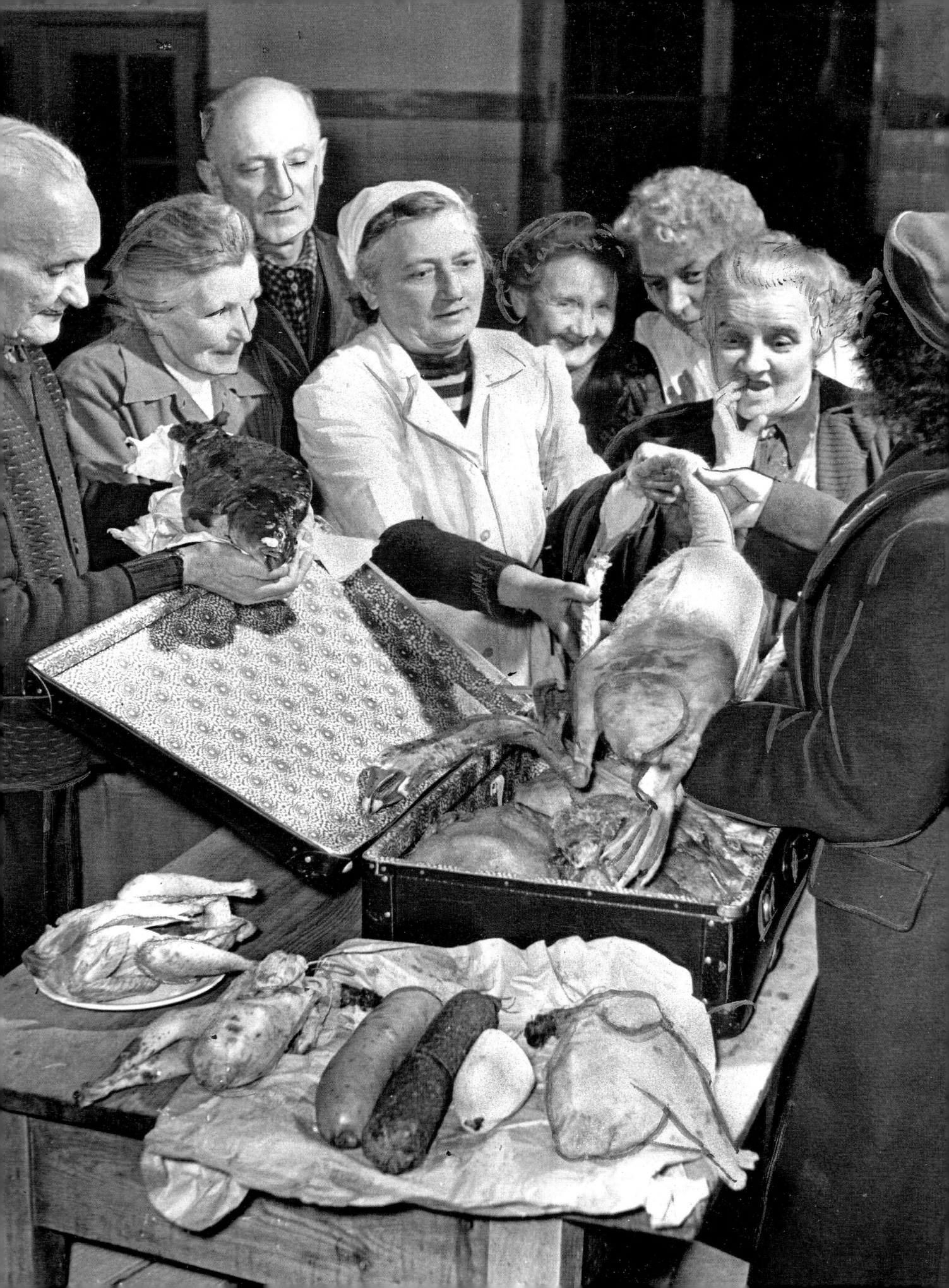

Gegenüber, nächste Seite: Eine Gans und Hühner sowie ein Karpfen, die bei einer Razzia beschlagnahmt wurden, werden an hungrige Berliner verteilt.

Unten: Bauern aus dem Brandenburger Umland verkaufen Äpfel in der Stadt.

Räder rollen wieder

ALLE RÄDER stehen still. Die Kraftwerke, Gasometer und Wasserwerke Berlins sind außer Betrieb, Busse und Straßenbahnen sind Teil von Barrikaden geworden, Straßen sind beschädigt, Brücken eingeknickt und Oberleitungen zerrissen. Viele Züge der U-Bahn und der S-Bahn sind aus Gleisbetten gesprungen, Tunnel sind eingestürzt und wurden überflutet. Mehr als 250 Schiffe sind auf den Kanälen, Flüssen und Seen gesunken.

Der sowjetische Generaloberst Nikolai Bersarin muss Berlin wieder ins Rollen bringen. Noch vor Kriegsende, mit Befehl Nr. 1 vom 28. April 1945, hat er die Verwaltung der Stadt übernommen. Er hat verfügt, „die kommunalen Betriebe wie Kraft- und Wasserwerke, Kanalisation, städtische Verkehrsmittel (Untergrund- und Hochbahn, Straßenbahn und Trolleybus) . . . haben ihre Arbeit wieder aufzunehmen".

Aber die Kraft-, Gas- und Wasserwerke sind nur bedingt betriebsfähig. Nur achtzehn Autobusse, ganze zwei Prozent, jede vierte Straßenbahn und jeder zweite U-Bahnwagen sind einsatzfähig. Ein Drittel aller U- und S-Bahnstrecken und ein Viertel aller Bahnhöfe stehen unter Wasser.

Besonders schwierig gestalten sich die Arbeiten am 5,6 Kilometer langen Nordsüd-S-Bahn-Tunnel. Dessen Decke unter dem Landwehrkanal war am 2. Mai 1945 von SS-Männern gesprengt worden. Sie wollten das Vorrücken der Roten Armee auch unter der Erde aufhalten. Der Tunnel kann erst ab September 1945 mit Schlauchbooten inspiziert werden. Man findet unter dem Geröll und dem Schlamm 93 Tote und 102 zerstörte S-Bahn-Wagens.

Aber Berlin kommt erstaunlich schnell wieder ins Rollen, obwohl die Zerstörungen gewaltig sind und die sowjetische Besatzungsmacht Industrieanlagen demontiert und Züge beschlagnahmt. Die ersten Kraftwerke nehmen noch im Mai 1945 ihren Betrieb wieder auf (wenngleich der Strom streng rationiert wird); und das Gasleitungsnetz ist bis Oktober zu 81 Prozent repariert. Im Februar 1946 können die ersten tausend Gaslaternen betrieben werden; 77 der 87 Wasserpumpwerke nehmen bis November ihre Arbeit auf.

Auch der Verkehr kommt langsam in Fahrt: Sowjetsoldaten, meist Frauen, regeln anfangs den Straßenverkehr, den vornehmlich Militärfahrzeuge, Kutschen und Fußgänger prägen. Die erste Bus-Linie verkehrt ab dem 13. Mai 1945, die ersten U-Bahn-Züge pendeln ab 14. Mai, die ersten Straßenbahnen fahren ab 20. Mai, die erste S-Bahn rollt ab 6. Juni, und das erste Schiff, der Dampfer „Potsdam" startet den Fahrgastbetrieb zwischen Berlin und Potsdam am 21. Juni.

Öffentliche Verkehrsmittel helfen Berlin, zu überleben. Die Berliner müssen auf ihrer ständigen Suche nach Lebensnotwendigem mobil sein, sei es in der Stadt oder auf dem Land, wo sie bei Bauern Lebensmittel kaufen, ertauschen, oder erbetteln.

Die meisten Linien sind ab Ende 1945 wieder befahrbar; sie befördern ab Juni 1946 drei Millionen Fahrgäste täglich.

Die zunehmenden Spannungen zwischen den vier Besatzungsmächten aber bremsen Berlin aus.

Der Kalte Krieg indes nimmt Fahrt auf und führt zur Teilung der Stadt. Auch das U-Bahn und das S-Bahn-Netz werden geteilt. Und die Straßenbahnen verschwinden aus dem Westteil der Stadt.

Nikolai Bersarin erlebte das nicht mehr — er starb im Juni 1945 bei einem Verkehrsunfall.

Vorherige Seite, unten: Eine Soldatin der Roten Armee reguliert am Brandenburger Tor den Straßenverkehr.

Unten: Ein Handkarren in den Ruinen der Stadt. Ende 1945 durfte die Berliner Polizei wieder Waffen tragen.

Unten: Nicht jedes Auto springt an.

Gegenüber: In solchen harten Zeiten können Pferde zuverlässiger sein als Maschinen. Diese Kutsche transportiert Post von Haus zu Haus.

Gegenüber: Eine zerschossene Flak, eine Flugabwehrkanone. Nun dient sie als Wegweiser an der Sächsischen Straße in Wilmersdorf im Britischen Sektor.

Unten: Eine ausgebombte Straßenbahn in der Oranienburger Straße in Mitte. Der Anblick ist im Nachkriegsberlin so normal, dass Passanten dies kaum mehr beachten.

Ein Expertenteam besichtigt den gefluteten Nord-Süd-Tunnel der S-Bahn. Die SS soll die Tunneldecke unter dem Landwehrkanal am 2. Mai 1945 gesprengt haben. Um die hundert Leichen konnten später geborgen werden.

Unten: Die ersten Autos fahren wieder Unter den Linden entlang. Ruinen säumen den berühmten Boulevard, der einst voller Leben war.

Eine Straßenbahn, die einst als Barrikade gegen die Rote Armee diente, wird wieder ins Gleisbett gehievt.

Gegenüber und unten: Berliner versuchen stets, sich in überfüllte Straßenbahnwagen zu drängen, weil keiner weiß, wann der nächste Bahn an diesem Tag kommt.

Schon im Mai 1945 fahren die ersten Straßenbahnen wieder.

Gegenüber, unten: Es war durchaus gefährlich, zwischen den Eisenbahnwagen auf dem Puffer zu reisen. Dieser Zug verlässt gerade Berlin Richtung Spandau, im Britischen Sektor, zu einer Hamsterfahrt aufs Land.

Unten: Stromausfall gehört im Nachkriegsberlin zum Alltag. Diese Straßenbahnen müssen warten, bis der Strom wieder fließt.

Gegenüber: Ein Reparaturtrupp in Karlshorst, im Südosten von Berlin.

Unten: Die Kronprinzenbrücke über die Spree mit dem ausgebombten Reichstag im Hintergrund.

Unten: Eine Straßenbahn fährt über die Sandkrugbrücke in Mitte. Die Brücke wird 1946 repariert. Im Krieg wurden 140 der 225 Brücken in Berlin zerstört, meistenteils von deutschen Truppen, um den russischen Einmarsch abzuwehren.

Nächste Seite: Die Uhr am S-Bahnhof Charlottenburg läuft bald wieder.

Auferstanden aus Ruinen

VON DEM Haus Nummer 70 in der Potsdamer Straße steht im Mai 1945 nur noch die Fassade. Es ist
die Ruine eines Altbaus, in dessen Erdgeschoss sich
einst ein Laden befand. Innen türmen sich Schutt und
Asche. Die 18-jährige Helga, bekleidet mit Schürze
und Kopftuch und einer Sporthose voller Brandlö-
cher, macht sich im Juni 1945 an die Arbeit. Ein halbes Jahr lang, sechs Tage die Woche, enttrümmert sie
die Ruine, sortiert Ziegelsteine, die wiederverwendbar
sind. Mit bloßen Händen.

Berlin liegt 1945 in Schutt und Asche. Neue Wohnungen müssen her, nicht nur für die Ausgebombten, auch
für die Neuankömmlinge. Um die 450.000 Flüchtlinge,
vor allem aus dem Osten, sowie Kriegsheimkehrer, vor
allem aus dem Westen, strömen bis August 1947 in die
Stadt. 120.000 von ihnen bleiben vorerst.

Im Juli 1945 verpflichtet der Alliierte Kontrollrat
Männer von 14 bis 65 Jahren und Frauen von 15 und
50 Jahren zu Aufräum- und Bauarbeiten. Kriegsbedingt
leben nur wenige Männer in der Stadt. Also gehen überwiegend Frauen und Mädchen an die Arbeit.

Bis zu 60.000 „Trümmerfrauen" tragen Ruinen ab,
schaufeln Schutt und Asche in Eimer, klopfen und kratzen
Mörtel von Steinen, schleppen und schaufeln sie auf Lo-
ren der „Trümmerbahn" oder Pferdewagen, die sie nicht
selten selber ziehen müssen. Hart ist die Arbeit. Und gefährlich. Es gibt Verletzte und Tote durch herabfallende
Steine, Holzbalken und Eisenträger, durch umstürzende
Wände und vor allem explodierende Blindgänger.

Viele Frauen, vor allem jene, die Kinder haben, melden
sich trotzdem freiwillig zum Enttrümmern, denn es gibt
dafür Geld. Es sind zwar nur 72 Reichspfennige die Stunde, aber wer sich meldet, bekommt auch höhere Lebensmittelrationen, nämlich 400 statt 300 Gramm Brot, 40

statt 20 Gramm Fleisch, 40 statt 30 Gramm Nährmittel,
20 statt 15 Gramm Zucker, zehn statt 7 sieben Gramm
Fett — das macht 1700 statt 1300 Kilokalorien am Tag
und kann das Überleben sichern. Weitere Vorteile: Man
kann sich aus über aktuelle Ereignisse austauschen, über
besondere Angebote auf dem Schwarzmarkt, und neue
Rezepte mit Brennnesseln, Eicheln, oder Zuckerrüben.

Während die Trümmerfrauen aufräumen, entwerfen
— männliche — Architekten an ihren Schreibtischen ein
neues Berlin. Der Stadtbaurat des Magistrats präsentiert
im April 1946 einen Wiederaufbauplan. Doch im Zuge
der Berlin-Blockade 1948/49 fällt Berlin politisch aus-
einander. Es entstehen zwei getrennte Planungs- und
Baubehörden in Ost und West. Die Stadtverordnetenver-
sammlung und der Bürgermeister verlegen ihre Tagun-
gen in den Westteil der Stadt und nehmen Quartier im
Rathaus Schöneberg; der Ostsektor bildet einen eigenen
Magistrat.. Es ist die Zeit, in der auch die Trümmerfrauen
allmählich verschwinden und in der Baufirmen die Räu-
marbeiten und den Wiederaufbau übernehmen. Anfang
der 1950er Jahre beginnt ein Bauboom.

Der Osten würdigt früh die Trümmerfrauen; sie erhalten den Ehrentitel „Aktivist der ersten Stunde" und ein
Vorrecht bei der Vergabe von Wohnraum. Der Westen
braucht etwas länger; 1955 enthüllt die frühere Berliner
Oberbürgermeisterin Louise Schröder im Volkspark
Hasenheide in Neukölln ein 2,40 Meter hohes Denkmal: eine Frau mit Kopftuch, die mit einem Hammer im
Schoß auf einem Haufen Ziegelsteine sitzt und müde in
den Himmel blickt.

Wer will, sieht in diesem Denkmal Heldentum. Helga
Cent-Velden will nicht, sie kann mit dem Wort Held
nicht viel anfangen; ihr es es „zu plakativ". Im Übrigen:
„Es gab so viele stille Helden."

Vorherige Seite, unten: Die Sowjets teilten gefangene Nazis zu Aufräumungsarbeiten ein, unter Bewachung. Etwa 60.000 deutsche Nazis, darunter auch Verdächtige, sowie russische Nazikollaborateure wurden von den Sowjets in Sachsenhausen eingesperrt, zuvor ein Konzentrationslager der Nazis, nördlich von Berlin. 12.000 von ihnen starben. Im Dritten Reich wurden politische Gefangene, Priester, Schwule und russische und ukrainische Kriegsgefangene in Sachsenhausen interniert. Zehntausende von ihnen wurden umgebracht.

Unten, von links nach rechts: Die Marienkirche, der letzte Rest des Turms der Nikolaikirche und das Berliner Rathaus. Im Vordergrund ist die Mühlendammbrücke über die Spree zu sehen.

Im Nachkriegsberlin sind Zeitungen rar, deshalb dienen Litfaßsäulen als Nachrichtenquelle.

In den ersten Jahren der Besatzung von Berlin unterliegen alle Zeitungen der Militärzensur.

Gegenüber, unten: Frauen enttrümmern ein Haus an der Leipziger Straße. Schon im Mai zieht die Sowjetische Zentralkommandantur Frauen und Männer zu Aufräumarbeiten heran. Ab Juli 1945 verpflichtet der Alliierte Kontrollrat Männer von 14 bis 65 Jahren und Frauen von 15 und 50 Jahren zu Aufräum- und Bauarbeiten. Kriegsbedingt leben nur wenige Männer in der Stadt, also gehen überwiegend Frauen an die Arbeit. Schließlich schinden sich 60.000 „Trümmerfrauen" in den Ruinen.

Unten: Weil das Rote Rathaus, das eigentliche Berliner Rathaus, vollkommen zerstört ist, wird das weniger beschädigte Rathaus Schöneberg zum provisorischen Sitz der Stadtregierung. Nachdem die Stadt 1949 in Ost und West geteilt wird, wird das Rathaus Schöneberg das West-Berliner Rathaus.

Gegenüber: Eine Bekanntmachung des neuen Berliner Bürgermeisters Arthur Werner, der von den Sowjets am 17. Mai 1945 ernannt wird, gut zwei Wochen nach der Kapitulation der Stadt am 2. Mai.

Bekanntmachung
des Oberbürgermeisters der Stadt Berlin

Mit Anerkennung des Militär-Kommandos der Roten Armee wurde der Magistrat der Stadt Berlin neu gebildet.

Die Obliegenheiten des Oberbürgermeisters habe ich selbst übernommen.

Für die führenden Funktionen des Magistrats wurden bestellt:

Zum ersten Stellvertreter des Oberbürgermeisters: Karl MARON.

Zum zweiten Stellvertreter und Leiter der Abteilung Ernährung: Dr. Andreas HERMES.

Zum dritten Stellvertreter und Leiter der Planabteilung: Paul SCHWENK.

Zum vierten Stellvertreter: Karl SCHOLZE.

Zum Leiter der Abteilung für Personalfragen und Verwaltung: Arthur PIECK.

Zum Leiter der Abteilung für Volksbildungswesen: Otto WINZER.

Zum Leiter der Abteilung für Gesundheitswesen: Ing. KRAFT

Zum Leiter der Abteilung für Finanzverwaltung: Edmund NORDWIECK.

Zum Leiter der Abteilung für die kommunalen Betriebe: Ing. JIRACK.

Zum Leiter der Abteilung für Handel: Josef ORLOPP.

Zum Leiter der Abteilung für Nachrichten und Verbindung: Ernst KEHLER.

Zum Leiter der Abteilung für Sozialfürsorge: Ottomar GESCHKE.

Zum Leiter der Abteilung für Wirtschaft: Ministerialdirigent LANDWEHR.

Zum Leiter der Abteilung für Arbeitseinsatz: Hans JENDRETZKI.

Zum Beirat für Kirchenfragen: Pfarrer BUCHHOLZ.

Ich rufe die Bevölkerung Berlins auf, dem neugebildeten Magistrat aktive Hilfe zu leisten zur Wiederherstellung des normalen Lebens der Stadt und bei der Erfüllung der Verpflichtungen gegenüber dem Militärkommando der Roten Armee.

Berlin, 17. Mai 1945

Gegenüber: Frauen graben im Frühling den Tiergarten um.

Rechts: Diese Spaten warten darauf, die Stadt aufzuräumen.

Unten, gegenüber: Trümmerfrauen klopfen Mörtel von Backsteinen, damit die wiederverwendet werden können. Viele Frauen melden sich freiwillig für diese gefährliche und harte Arbeit, weil sie dafür höhere Essensrationen bekommen.

Links: Zimmer mit unfreiwilliger Aussicht — Blick auf die zerstörte Seitenfassade eines Wohnhauses.

Gegenüber: Nicht verzweifeln, anpacken und nach vorne schauen — so denken und handeln viele Berliner nach dem Krieg.

Nächste Seite: In kleinen Dingen liegt großes Glück — eine Frau zeichnet vor der Marienkirche im Bezirk Mitte.

Das Leben kehrt zurück

SCHOKOLADE UND Früchte in Dosen sind in dem Paket, das Inges Lehrerin eines Morgens auspackt. Die Schüler, um die dreizehn Jahre alt, staunen. Die Lehrerin fragt, wer was möchte. Alle wollen Schokolade. Inge hat nur Augen für ein Stück Plastik. Rot und weiß und blau ist es, mit gelben Blumen. Eine Haarspange.

Im Juli 1946 kommen mit Genehmigung von US-Präsident Harry S. Truman die ersten Pakete der „Cooperative for American Remittances for Europe" (CARE) nach Deutschland. Jedes Paket ist mit Lebensmitteln gefüllt (Nährwert: 40.000 Kilokalorien), Bekleidung oder Werkzeug. Noch gilt die vom Joint Chiefs of Staff der U.S. Army erlassene Direktive 1067, die alle Schritte untersagt, „die zum wirtschaftlichen Wiederaufbau Deutschlands führen könnten oder geeignet sind, die deutsche Wirtschaft zu erhalten oder zu stärken".

Inge ist die einzige in ihrer Klasse, welche die Haarspange möchte. Sie bekommt sie. In den kleinen Dingen liegt das große Glück. Dazu gehört auch eine Tomate, die man auf dem Balkon erntet, eine Zigarette, die man aus selbst gezogenen Tabakpflanzen dreht.

Das Leben kehrt zurück. Erst scheu: eine Blume hier, ein Flirt dort; dann selbstbewusst: ein Verliebtsein hier, ein Kinderwagen dort. Und zwischendrin fraternisieren sich Berliner und Besatzer.

Hurra, wir leben noch!

US-Außenminister George C. Marshall stellt Mitte 1947 sein Wirtschaftsförderungsprogramm vor, das auch Deutschland zugutekommen soll. „Für ein geordnetes und blühendes Europa sind die wirtschaftlichen Beiträge eines stabilen und produktiven Deutschlands ebenso notwendig wie die Beschränkungen, welche die Garantie geben sollen, dass der destruktive Militarismus in Deutschland nicht wieder aufleben kann."

Der „Marshallplan", den die USA auch der Sowjetunion anbieten, den die aber für sich und ihren Einflussbereich ablehnt, gewährt von 1948 bis 1952 insgesamt 19 Ländern in West-Europa Kredite, Rohstoffe, Lebensmittel. Westdeutschland, einschließlich West-Berlin, erhält 1,4 Milliarden US-Dollar. Es ist ein Kredit, mit dem amerikanische Produkte gekauft werden sollen.

Der Plan soll die Not der Bevölkerung lindern, einen Absatzmarkt für die US-Überproduktion aufbauen und gemäß der im März 1947 verkündeten „Truman-Doktrin", freien Völkern beizustehen, den Kommunismus eindämmen.

Die Währungsreform im Juni 1948 in den Westzonen beendet Schwarzmarktwirtschaft und Tauschhandel. Die Regale in den Geschäften füllen sich über Nacht. Die Bundesrepublik Deutschland erlebt in den fünfziger Jahren ihr Wirtschaftswunder.

Der Aufbau in der Ostzone aber bleibt hinter dem in den Westzonen zurück, bedingt durch sowjetische Demontagen und Reparationen, durch Abwanderung von Arbeitskräften und durch die Etablierung einer sozialistischen Planwirtschaft. Aber die DDR entwickelt sich dennoch zu einer führenden Wirtschaftskraft innerhalb des Ostblocks.

Der deutsche Aufbauwille ist viel beschworen worden. „Das war nichts weiter als der Wunsch, das nackte Überleben zu Leben zu machen", sagte der Schriftsteller Heinrich Böll dazu. Ausländische Freunde hätten ihn manchmal mit Bewunderung in der Stimme gefragt: „Wie habt ihr das alles ausgehalten?" Und er habe immer geantwortet: „Wie ihr es ausgehalten hättet!"

Inge Schlotfeld trug die Haarspange viele Jahre lang jeden Tag. Noch im hohen Alter, wenn sie die betrachtete, weckte sie glückliche Erinnerungen.

Vorherige Seite: Diese Berliner packen entweder auf, was von ihrer Wohnung noch übrig ist, oder aber sie verlassen die Stadt mit ihren Sachen. Während nach dem Krieg zunächst hunderttausende Flüchtlinge aus dem Osten kommen, werden später ebenso viele Berlin verlassen.

Unten: Ein Mädchen namens Friedel zieht nach Halle und hinterlässt eine Nachricht für ihre Eltern.

Gegenüber: Eine Wohnung in Tempelhof, ohne Glas in den Fensterrahmen. Die Familie pflanzt Tomaten an.

Gegenüber: Stresemannstraße 18 in Berlin-Mitte, im Sommer 1947. Vielen Berlinern gelingt es, selbst derart zerstörte Häuser und Wohnungen mit Blumen in Kübeln wohnlich zu machen.

Unten: Frauen kochen auf der Straße, nachdem ihre Küchen nicht mehr funktionsfähig sind.

Unten: Eine provisorische Behausung, die 1946 am S-Bahnhof Hohenzollerndamm errichtet wurde, im britischen Sektor.

Gegenüber: Kochen und bügeln musste schnell gehen, denn in Berlin gibt es in den Nachkriegsmonaten nur ein paar Stunden Strom am Tag.

Gegenüber: Ein Wohnzimmer an der Bacharachstraße in Wandlitz. In diesem Stadtteil werden später einmal viele Parteioberen der SED leben.

Unten: Das „Grüne Elend", provisorische Baracken in Spandau, im britischen Sektor. Noch bis in die fünfziger Jahre sind diese Baracken bewohnt.

Unten, gegenüber, nächste Seite: Berliner Frauen und russische Soldaten flirten miteinander. Die sowjetische Militäradministration veröffentlichte gerne solche Bilder, um zu zeigen, dass es gute Beziehungen zwischen der Armee und der Zivilbevölkerung gab.

Gegenüber: Wegen der Wohnungsknappheit leben viele Berliner auf Hausbooten oder in Hütten an der Spree, wie diese hier am Westhafen.

Gegenüber: Obwohl von den berühmten Bäumen Unter den Linden nicht mehr viel übrig ist, versuchen diese Frauen, ein wenig Schatten zu finden.

Unten: Mädchen suchen im Schutt nach brauchbaren Möbeln.

Gegenüber. Eine Frau erntet Bohnen, mitten in der Stadt.

Unten: Hier entspannt sie sich mit ihrem Mann oder Freund in der Sonne.

Fotonachweis und Biografien

Über diese Fotos:

Die Fotografen dieser Bilder, soweit sie bekannt sind, werden weiter unten aufgelistet. Viele von ihnen waren bei der Roten Armee, andere waren Deutsche, die für Armeezeitungen und später für Ost-Berliner Zeitungen arbeiteten. Deren bekanntester war Otto Donath. Soweit die Fotos nicht aufgeführt sind, ist der Name des Fotografen unbekannt; sie stammen aus dem Archiv des *Berliner Kurier* oder vom Berliner Verlag..

A.W. Ustinov: S. 30
Berliner Polizei: S. 144, 145
Brüggemann: S. 172
Ewald Gnilka: S. 87
Fritz Wache: S. 190, 191
H. Dreyer: S. 68, 116–117, 199, 200
Gürlis: S. 143, 162
Heilig: S. 152
Heinscher: S. 66, 181
Jacobson-Sonnenfeld: S. 72, 99, 108, 110, 122–123
Jewgenij Chaldej: S. 158
Jindrich-Maroc: S. 78
Kessler: S. 174, 175
Kinelowskij: S. 94
Mark Redkin: S. 18–19, 52, 89, 91, 180, 184
Georgij Petrusov: S. 16–17, 88
Morosov: S. 111
Oscar Fischer: S. 196–197
Otto Donath: S. 73, 82, 83, 102, 118–119, 120, 121, 124, 125, 140, 146–147, 148-149, 159, 185, 188, 189, 194, 210, 212, 213
Presse-Hoffmann: S. 56
Röhnert: S. 202
Ruge: S. 55
Schmidt-Puhlmann: S. 150, 157, 193
Somsonov: S. 14
Tägliche Rundschau: S. 109
Tschernyschev: S. 48, 49, 95, 154–155, 156, 168–169, 182, 183

Michael Brettin

Dr. Michael Brettin, 1964 in Helmstedt geboren, ist verantwortlicher Redakteur des Geschichtsmagazins *Unser Berlin* und leitender Redakteur des *Berliner Kurier am Sonntag*. Der Absolvent der Hamburger Journalistenschule studierte Mittlere und Neuere Geschichte, Politikwissenschaft und Ostslawistik. Für eine Beilagenserie zur Geschichte der Berliner Mauer erhielt er 2010 den Lokaljournalistenpreis der Konrad-Adenauer-Stiftung (Kategorie Zeitgeschichte). Er lebt in Berlin.

Otto Donath

Otto Donath wurde 1898 in Berlin geboren. Im Zweiten Weltkrieg war er Fotograf für die Propagandaabteilung der Wehrmacht. Nach 1945 fotografierte er zunächst für die Rote Armee, dann für Zeitungen und Magazine in Ost-Berlin, darunter die *Neue Berliner Illustrierte* und *Für Dich*. Er starb 1971 in Berlin.

Peter Kroh

Peter Kroh, 1950 geboren, war Fotoreporter für eine Reihe von Zeitungen in der DDR, darunter die *Junge Welt in Berlin* und die *Thüringer Allgemeine* in Erfurt. 1995, nach dem Fall der Mauer, zog er nach wieder Berlin, um für den *Berliner Kurier* zu arbeiten. Bald wurde er Fotoredakteur des Blattes. Heute ist er im Ruhestand und lebt in Brandenburg.

Stephen Kinzer

Stephen Kinzer ist ein amerikanischer Journalist, der aus über 50 Ländern berichtet hat, vor allem für die *New York Times*. Er leitete das Berliner Büro der Times von 1990 bis 1996. Heute ist er Wissenschaftler an der Brown University in Providence, Rhode Island. Sein neuestes Buch ist *The Brothers: John Foster Dulles, Allen Dulles, and Their Secret World War,* eine Biographie der Dulles-Brüder..

Bibliografie

Auerbach, Hellmuth: *Opfer der nationalsozialistischen Gewaltherrschaft und des Zweiten Weltkriegs*, in Wolfgang Benz (Hrsg.): *Legenden, Lügen, Vorurteile: Ein Wörterbuch zur Zeitgeschichte.* München: Deutscher Taschenbuch-Verlag, 2000.

Beevor, Antony: Berlin: *The Downfall 1945.* London: Penguin Books, 2007.

Beevor, Antony: *The Fall of Berlin 1945.* New York: Penguin Books, 2003.

Benz, Wolfgang: *Das Dritte Reich. Die 101 wichtigsten Fragen.* Nördlingen: Beck, 2008.

Benz, Wolfgang (Hrsg.): *Dimension des Völkermords. Die Zahl der jüdischen Opfer des Nationalsozialismus.* München: Deutscher Taschenbuch-Verlag, 1996.

Benz, Wolfgang (Hrsg.): *Legenden, Lügen, Vorurteile. Ein Wörterbuch zur Zeitgeschichte.* München: Deutscher Taschenbuch-Verlag, 2000.

Bulitta, Erich und Hildegard: *Nachkriegsjahre 1945–1949,* Volksbund Deutsche Kriegsgräberfürsorge. München: Landesverband Bayern, 2006,

Deutsche Dienststelle für die Benachrichtigung der nächsten Angehörigen von Gefallenen der ehemaligen deutschen Wehrmacht/WASt (Hrsg.): *Jahresbericht 1983/84/85. Berlin, 1985.*

Deutsches Rotes Kreuz (Hrsg.): *Die personellen Verluste der ehemaligen deutschen Wehrmacht im Zweiten Weltkrieg und der Kriegsgefangenschaft.* München, 1975.

Pieken, Gorch/Kruse, Cornelia: *Das Haushaltsbuch der Elsa Chotzen. Schicksal einer jüdischen Familie 1937–1946.* Berlin: Nicolai, 2008.

Hirschfeld, Gerhard/Renz, Irina: „*Vormittags die ersten Amerikaner.*" *Stimmen und Bilder vom Kriegsende 1945.* Stuttgart: Klett-Cotta, 2005.

Kielmannsegg, Peter Graf von: *Deutschland 1945–1990: Das geteilte Land. München:* Bassermann, 2004 (Sonderausgabe aus der Reihe Siedler Deutsche Geschichte).

Mittag, Detlef: *Kriegskinder '45. Zehn Überlebensgeschichten.* Gesammelt und aufgeschrieben von Detlef Mittag. Berlin: Landeszentrale für politische Bildungsarbeit, 1995.

Müller, Rolf-Dieter: *Der letzte deutsche Krieg 1939–1945.* Stuttgart: Klett-Cotta, 2005.

Müller, Rolf-Dieter/Boog, Horst/Echternkamp, Jörg (Hrsg.): *Das Deutsche Reich und der Zweite Weltkrieg. Der Zusammenbruch des Deutschen Reiches 1945, Teil 2,* München: Deutsche Verlags-Anstalt, 2008.

Niewyk, Donald L.: *The Columbia Guide to the Holocaust.* New York: Columbia University Press, 2000.

Overmans, Rüdiger: *Deutsche militärische Verluste im Zweiten Weltkrieg.* München: Oldenbourg, 2004.

Reichling, Gerhard: *Die deutschen Vertriebenen in Zahlen. Umsiedler, Verschleppte, Vertriebene, Aussiedler 1940–1985,* 2 Bde, Bonn: Kulturstiftung der Deutschen Vertriebenen, 1986.

Sander, Helke/Johr, Barbara (Hrsg.): *BeFreier und Befreite. Krieg, Vergewaltigung, Kinder.* Frankfurt am Main: Fischer, 2008.

Schwarz, Karl: *Gesamtüberblick der Bevölkerungsentwicklung 1939–1946–1955,* in Bundesinstitut für Bevölkerungsforschung beim Statistischen Bundesamt, Wiesbaden (Hrsg.): Wirtschaft und Statistik, Heft 10, 1956.

Thamer, Hans-Ulrich: *Deutschland 1933–1945. Verführung und Gewalt.* München: Bassermann, 2004. (Sonderausgabe aus der Reihe „Siedler Deutsche Geschichte").

Ueberschär, Gerd. R./Müller, Rolf-Dieter: *1945. Das Ende des Krieges.* Darmstadt: Primus, 2005.

World War II Casualties, in Wikipedia. (http://en.wikipedia.org/wiki/World_War_II_casualties)

Yad Vashem. *The Shoah Victims' Names Recovery Project* (http://www.yadvashem.org/yv/en/about/hall_of_names/about_central_database.asp)

präsentiert

Neue
Bücher
2024-2025

Broschur, ca 50 Bilder; ca 20,00 €
Format: ca 300 Seiten;
22,4 x 15,2 cm
ISBN: 978-3-96026-061-5

Broschur, s/w; 20,00 €
Format: 230 Seiten; 29,7 x 210 cm
ISBN: 978-3-96026-053-0
978-3-96026-077-6

Gebunden, sw, 64 Bilder; 20,00 €
Format: 224 Seiten; 22,8 x 15,2 cm
ISBN: 978-3-96026-012-7
978-3-96026-075-2

Gebunden, ca 80 Bilder; 22,50 €
Format: ca 200 Seiten;
21,6 x 14,0 cm
ISBN: 978-3-96026-058-5

Broschur, sw, 14 Bilder; 8,00 €
Format: 110 Seiten; 20,3 x 12,7 cm
ISBN: 978-3-96026-011-0
978-3-96026-009-7

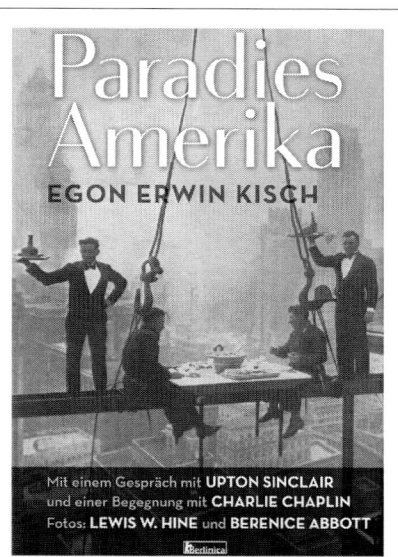

Gebunden, s/w, 41 Bilder; 12,00 €
Format: 320 Seiten; 22,4 x 15,2 cm
ISBN: 978-3-96026-039-4
        978-3-96026-048-6

Broschur, s/w, 6 Bilder; 10,50 €
Format: 168 Seiten; 21,6 x 14,0 cm
ISBN: 978-3-96026-033-2
        978-3-96026-049-3

Broschur, sw, 4 Bilder; 11,50 €
Format: 136 Seiten; 21,6 x 14,0 cm
ISBN: 978-3-96026-050-9
        978-3-96026-082-0

Broschur, s/w, 20 Bilder; 14,00 €
Format: 210 S.; 21,6 x 14,0 cm
ISBN: 978-3-96026-023-3
        978-3-96026-088-2

Gebunden, sepia, 22 Bilder; 12,00 €
Format: 96 Seiten; 20,3 x 12,7 cm
ISBN: 978-3-96026-018-9
        978-3-96026-019-6

Broschur, sw, 6 Bilder; 10,50 €
Format: 116 Seiten; 20,3 x 12,7 cm
ISBN: 978-3-96026-020-2
        978-3-96026-096-7

Gebunden, s/w, 90 Zeichn.; 16,00 €
Format: 272 Seiten; 22,4 x15,2 cm
ISBN: 978-3-96026-036-3
       978-3-96026-044-8

Gebunden, s/w, 102 Zeich.; 16,00 €
Format: 272 Seiten; 22,4 x15,2 cm
ISBN: 978-3-96026-037-0
       978-3-96026-045-5

Gebunden, s/w, 81 Zeichn.; 16,00 €
Format: 272 Seiten; 22,4 x15,2 cm
ISBN: 978-3-96026-038-7
       978-3-96026-046-2

Broschur, Color, 140 Bilder; 16,50 €
Format: 96 S.; 21,6 x21,6 cm
ISBN: 978-1-935902-11-9
       978-3-96026-078-3

Broschur, farbig; 105 Bilder, 16,50 €
Format: 96 Seiten; 25,4 x20,3 cm
ISBN: 978-3-96026-094-3
Gebunden: 978-3-96026-095-0

Broschur, s/w, 67 Bilder; 14,00 €
Format: 176 S.; 21,6 x14,0 cm
ISBN: 978-3-96026-069-1
Demnächst als gebundenes Buch